Brandi Brucks

NIE WIEDER WINDELN!

Brandi Brucks

NIE WIEDER WINDELN!

Das 3-Tage-Programm zum Sauberwerden

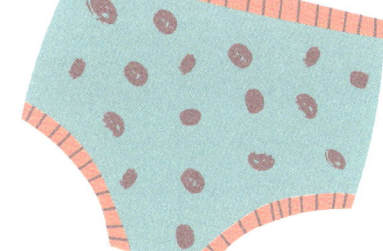

mvgverlag

Bibliografische Information der Deutschen Nationalbibliothek
Die Deutsche Nationalbibliothek verzeichnet diese Publikation in der Deutschen National-
bibliografie. Detaillierte bibliografische Daten sind im Internet über
https://dnb.de abrufbar.

Für Fragen und Anregungen
info@m-vg.de

5. Auflage 2026
© 2019 by mvg Verlag, ein Imprint der Münchner Verlagsgruppe GmbH
Türkenstraße 89
80799 München
Tel.: 089 651285-0

Die englische Originalausgabe erschien 2016 bei Althea Press, a Callisto Media Inc imprint unter
dem Titel *Potty Training in 3 Days*. © 2016 by Brandi Brucks. All rights reserved.

Übersetzung: Elisabeth Liebl, München
Redaktion: Asta Machat, München
Umschlaggestaltung: Maria Wittek, München
Illustrationen: Cleonique Hilsaca
Satz: Carsten Klein, Torgau
Druck: Florjancic Tisk d.o.o., Slowenien
Printed in the EU

ISBN Print 978-3-86882-998-3
ISBN E-Book (PDF) 978-3-96121-315-3
ISBN E-Book (EPUB, Mobi) 978-3-96121-316-0

Weitere Informationen zum Verlag finden Sie unter

www.mvg-verlag.de

Beachten Sie auch unsere weiteren Verlage unter www.m-vg.de.

DIESES BUCH WIDME ICH MEINEM MANN,
DER NICHT EIN EINZIGES MAL MEINTE,
DASS ICH DOCH EINEN RECHT MERKWÜRDIGEN
JOB HÄTTE.

INHALT

Nach den drei Tagen

VORWORT

ALS LEITER des Bowel-Management-Programms an einem New Yorker Universitätskrankenhaus und medizinischer Direktor des Encopresis Center bringe ich Jahr für Jahr mehr als 1000 Kindern das Gehen aufs Töpfchen bei. Diese sind meistens zwischen drei und zwölf Jahre alt und haben die verschiedensten Schwierigkeiten wie funktionelle Obstipation (Darmverstopfung, nervöses Einkoten) oder Harntraktprobleme. Alle Kinder, mit denen ich arbeite, haben eines gemeinsam: Jede Art von Sauberkeitserziehung war bislang nicht erfolgreich.

Meiner Erfahrung nach ist der Schlüssel jeder Sauberkeitserziehung ein gut durchdachter und strukturierter Plan, den man konsequent befolgt. Nimmt Ihr Kind erfolgreich die Hürde Sauberkeitserziehung, so tut das seinem Selbstwertgefühl und seinem Konzentrationsvermögen gut. Wenn Sie also nach nur drei Tagen die Windeln wegpacken können, wird Ihr Kind glücklicher und selbstsicherer sein.

Brandi Brucks hat in diesem Buch die wichtigsten Punkte des Töpfchentrainings zusammengetragen. Sie weiß, dass es letztlich die Haltung der Eltern ist, die das Toilettentraining erfolgreich macht. Brandi erinnert mich stark an all die guten Lehrer, die ich in der Schule hatte. Auch sie legten großen Wert auf Konsequenz, Klarheit und Struktur. Sie waren der Boss. Brandi widerspricht Ärzten, die Ihnen raten zu »warten, bis Ihr Kind so weit ist«. Das finde ich höchst erfrischend. Brandis Empfehlung an die Eltern ist nämlich, selbst das Ruder in die Hand zu nehmen. Gleichzeitig liefert sie Ihnen das nötige Wissen, um sinnvolle Entscheidungen zu treffen. Sie brauchen Ihr Kind nicht um seine Einwilligung zu bitten. Sehen Sie lieber zu, dass Sie (buchstäblich!) zu Potte kommen.

Dieses Buch sollte bei allen Eltern im Bücherschrank stehen. Es erinnert sie daran, wie wertvoll das Töpfchentraining sein kann. Folgen Sie Brandis Rat. Lesen Sie sich immer wieder die eingestreuten kurzen und knackigen Zusammenfassungen durch. Das ist der rote Faden, der Sie entschlossen durch die Sauberkeitserziehung führen wird. Oder wie Brandi sagen würde: Übernehmen Sie das Ruder. Seien Sie optimistisch. Und ermutigen Sie Ihr Kind. Wenn es ums Töpfchentraining geht, sollten Sie Ihrer Verantwortung als Elternteil gerecht werden und nicht alles Ihrem Kind überlassen.

Dr. Fredric Daum
Mineola, New York

EINFÜHRUNG

Klopf, klopf.

Die Tür geht langsam auf. Eine Frau in den Sechzigern sieht mich ver-blüfft an.

»Kann ich Ihnen helfen?«, fragt sie.

»Ja. Ich bin Brandi. Ihr Töpfchencoach. Darf ich reinkommen?«

»Sie sehen aber nicht aus, als ob Sie dafür schon alt genug wären. Ich hatte eher so eine Art Oma erwartet.«

»Gut, Oma bin ich noch nicht, aber ich kann Ihnen versichern, dass ich jede Menge Erfahrung habe. Ich habe einen Masterabschluss in kindlicher Früherziehung gemacht und arbeite nun schon seit vielen Jahren mit Kindern.«

»Ich wusste nicht, dass man an der Uni lernt, wie man Kinder sauber kriegt.«

»Tun Sie auch nicht. Bei dieser Tätigkeit bin ich rein zufällig gelandet, und mittlerweile bin ich darin richtig gut.«

UND DAS STIMMT! Ich hatte immer davon geträumt, Lehrerin zu werden. Deshalb habe ich am Simmons College in Boston ein Studium in kindlicher Früherziehung und Grundschullehramt absolviert und mit einem Master abgeschlossen. Kurz darauf zog ich nach Austin in Texas, wo ich mir eine Lehrerstelle suchen wollte. Leider hatte der texanische Staat ausgerechnet zu dem Zeitpunkt einen Einstellungsstopp für Lehrer beschlossen.

Was sollte ich also tun? Ich fing an mit Babysitten.

Die Familien von heute sehen ganz anders aus. Vor einigen Jahren, als die Mütter noch öfter zu Hause blieben, war das Töpfchentraining weitgehend eine Familienangelegenheit, zu der es nicht viel zu sagen gab. Heute wachsen immer mehr Kinder in Haushalten auf, in denen beide Eltern arbeiten. Und keine Zeit für die Sauberkeitserziehung ihrer Kinder haben – oder keine Lust. Irgendwie schien in jedem Haus, in dem ich als Nanny tätig war, ein Kind aufs Töpfchentraining zu warten.

Das war meine Chance.

Ich hätte mir nie träumen lassen, dass ich Kindern anderer Leute mal beibringen würde, wie sie windelfrei werden. Meine Klienten öffnen mir ihr Haus, und ich genieße es jedes Mal wieder, mit den unterschiedlichsten Familien ein paar Tage zu verbringen. Wenn eines »meiner« Kinder zum ersten Mal aufs Töpfchen geht, bin ich den Tränen nahe – obwohl ich das natürlich nie zugeben würde!

Die größte Freude beim Schreiben dieses Buches war für mich die Vorstellung, dass ich Leuten helfen kann, die einfach nicht wissen, wie sie ihr Kind zur Sauberkeit erziehen können. Denn Sie können Ihrem Kind in nur drei Tagen beibringen, dass es künftig keine Windeln mehr braucht. Ich werde Ihnen hier zeigen, wie Sie buchstäblich mit jeder Scheißsituation fertigwerden. ☺

Bleiben Sie stark! Sie sind für Ihr Kind verantwortlich. Und Sie werden es schaffen!

Vor den drei Tagen

Die hohe Kunst des richtigen Timings

Mein Sohn interessiert sich für die Toilette, aber wenn ich ihn aufs Töpfchen setze, macht er gar nichts.

Meine Tochter fängt an, wie wild zu schreien, wenn ich sie auf die Toilette setze.

Ich habe meiner Tochter die Windeln ausgezogen und sie in Unterwäsche herumlaufen lassen. Sie hat das ganze Haus vollgepinkelt, ist aber kein einziges Mal auf den Topf gegangen. Was mache ich bloß falsch?

Ich habe es bei meinem Kind dreimal mit dem Toilettentraining versucht, nichts hat geklappt!

Was passiert, wenn ich alles falsch mache?

WENN SIE SICH IN EINER DIESER AUSSAGEN WIEDERERKENNEN, dann atmen Sie zuallererst mal tief durch. Entspannen Sie sich. Ich werde das mit dem Toilettentraining für Sie so einfach machen, dass Sie sich fragen werden, wo ich eigentlich Ihr ganzes Leben lang war. Nun, vielleicht nicht Ihr ganzes Leben, aber doch die letzten Monate, in denen Sie sich mit Windeln, Kacke und dieser gelben Flüssigkeit da herumgeschlagen haben.

Wann fangen wir an?

Sie haben also ein Kind mit Windeln und wollen ein Kind ohne Windeln. Perfekt!

Sie brechen auf in die zauberhafte Welt der Kleinkinder, das heißt: Ihr Baby ist nicht mehr länger ein Baby.

Aber der kleine Peter wird immer mein Baby sein.

Ja, ich weiß, aber was das Töpfchentraining angeht, muss Ihr kleiner Peter jetzt »ein großer Junge« werden.

Jedes Kind ist anders. Es gibt zwar gewisse Anzeichen, die darauf hindeuten, dass ein Kind bereit sein könnte, künftig ohne Windeln durchs Leben zu gehen. Doch es ist ein ganz entscheidender Punkt, ob das Kind *in seiner Entwicklung* schon so weit gediehen ist. Meiner Erfahrung nach stehen die Chancen gut, wenn Ihr Kind über zweieinhalb Jahre alt ist. Mit drei Jahren ist es *definitiv* so weit. In diesem Alter haben Kinder schon eine recht gute Kontrolle über ihre Blase und ihren Körper. Und sie verstehen den ganzen Vorgang.

Das jüngste Kind, das zu mir zum Töpfchentraining kam, war einundzwanzig Monate alt, das älteste viereinhalb. Das Mädchen mit einundzwanzig Monaten hatte nur einen »Unfall« während des Trainings. Da sie so jung war, wird sie sich an ihre Zeit in Windeln gar nicht mehr erinnern. Der Junge hingegen hatte seine ganze Kleinkinderzeit in Windeln oder Trainingswindeln verbracht, sodass das Toilettentraining für ihn auch emotional schwer zu bewältigen war. Ich musste viel Zeit darauf verwenden, damit er sich in normaler Unterwäsche wohlfühlte, und weniger damit, ihn an die Toilette zu gewöhnen. Vielleicht wollen Sie sich mit Ihrem Zweijährigen ja noch nicht auf das Abenteuer Trockenwerden einlassen (was in Ordnung ist), aber es wird schwieriger mit jedem Monat, der vergeht.

Fünf Anzeichen, dass Ihr Kind fürs Töpfchentraining bereit ist

Wenn Sie sich fragen, wo Ihr Kind im Moment steht, können Sie sich an folgenden fünf Punkten orientieren:

1. ES SIGNALISIERT IHNEN, WENN DIE WINDEL GEWECHSELT WERDEN SOLL.

Wenn Ihr Kind zu Ihnen kommt, weil es seine Windel gewechselt haben will, dann ist es definitiv bereit. Das ist seine Art, Ihnen zu sagen: »Ich mag dieses Gefühl nicht.« Da haben Sie wirklich Glück, denn dann sollte das Töpfchentraining schnell klappen. Ihr Kind will sich wohlfühlen. Und es hat das erste Prinzip des windelfreien Lebens verinnerlicht: Nasse oder schmutzige Windeln zu haben ist ein ekliges Gefühl!

2. ES KANN SEINE BLASE KONTROLLIEREN.

Ihr Kind ist fürs Training bereit, wenn seine Windel mindestens eine Stunde lang trocken bleibt. Wenn es immer noch häufig pinkelt, heißt dies vielleicht, dass Sie noch warten sollten. Wird die Windel alle dreißig Minuten oder öfter nass, ist der Harntrakt Ihres Kindes möglicherweise noch nicht ausreichend entwickelt, um ihm die Kontrolle zu ermöglichen.

Wenn es jedoch andere Signale gibt, die für eine Bereitschaft zum Sauberkeitstraining sprechen, trinkt es vielleicht einfach zu viel. Passen Sie dann die Flüssigkeitszufuhr an.

3. ES HAT KEINEN HARTEN STUHLGANG.

An den Hinterlassenschaften Ihres Kindes können Sie gut sehen, ob es für das Sauberwerden bereit ist. Kinder, die harten Stuhlgang haben, entwickeln häufig Verstopfung, was recht schmerzhaft werden kann, wenn sie aufs Töpfchen gehen. Aber schon *ein* schmerzhaftes Erlebnis auf der Toilette kann bei Ihrem Kind eine irrationale Angst davor auslösen. »Irrational« für uns Erwachsene, denn wir wissen ja, dass es völlig ungefährlich ist, sich auf die Toilette zu setzen. Ihr Kind weiß das nicht. Selbst wenn es schon mal erfolgreich in den Topf gemacht hat, kann es sich dessen nicht sicher sein.

Sollte Ihr Kind häufig unter Verstopfung leiden, suchen Sie am besten den Kinderarzt auf. Viele Kinder erhalten dann flüssige Ballaststoffe wie Movicol junior. Sollte dies bei Ihrem Kind der Fall sein, dann achten Sie darauf, dass es in den zwei Wochen vor dem eigentlichen Toilettentraining keinen harten Stuhlgang hat.

4. ES KANN EINFACHE ANWEISUNGEN BEFOLGEN.

Auch wenn dies nicht der alles entscheidende Punkt ist, schenken Eltern ihm nur selten ausreichend Beachtung. Das Töpfchentraining besteht aus einer Reihe von Schritten, die Ihr Kind ausführen muss, wenn das Training klappen soll. Wenn es einfache Anweisungen versteht, dann sollte es auch in der Lage sein, die Trainingsschritte zu befolgen: Geh ins Badezimmer. Zieh dir die Hose runter. Steig auf den Schemel. Setz dich auf die Toilette. Und so weiter.

5. ES ZEIGT INTERESSE AN DER TOILETTE.

Natürlich ist es ein besonders wichtiges Zeichen, wenn Ihr Kind sich fragt, was im Badezimmer so vor sich geht. Dort kann man also nicht nur baden. Diese Kinder gucken ihren Eltern zu, wenn sie die Toilette benutzen. Sie wollen die Spülung betätigen. Sie gucken, was in der Schüssel liegt. Und so weiter. Kinder wissen manchmal nicht, wie sie die richtigen Fragen stellen sollen. Daher können Sie auch von Interesse ausgehen, wenn Ihr Kind seine Spielsachen in die Schüssel wirft. Oder mögen Sie es etwa nicht, wenn Sie Spielzeugautos und Wachsmalstifte aus dem Klo fischen müssen?

IST IHR KIND BEREIT?

Im Allgemeinen ist Ihr Kind fürs Töpfchentraining bereit, wenn mindestens drei der folgenden fünf Punkte zutreffen:

1. Ihr Kind signalisiert Ihnen, dass es die Windel gewechselt haben will.
2. Es bleibt in der Windel ein bis zwei Stunden trocken.
3. Es verrichtet ein- bis zweimal pro Tag ein größeres Geschäft.
4. Es kann einfache Anweisungen befolgen.
5. Es zeigt Interesse an der Toilette.

Wenn Sie früh mit dem Training starten

Die beste Zeit fürs Trockenwerden liegt wohl zwischen zweieinhalb und drei Jahren. Doch manche Kinder sind schon früher so weit. Die Oma meines Mannes schwört, dass sie ihre fünf Kinder schon im Alter von achtzehn Monaten sauber hatte. Sie können sich vielleicht vorstellen, wie verrückt mein Job ihr scheinen muss! Die Wahrheit ist: Sie können Ihr Kind in jedem Alter fit für die Toilette machen. Letztlich hängt alles davon ab, wie viel Energie Sie investieren wollen.

Es gibt da eine Methode mit der Bezeichnung »Natürliche Babyhygiene«. Sie kommt aus den USA, wo man sie unter dem Stichwort »Elimination Communication« kennt. Ich verwende diese Methode nicht. Es geht dabei letztlich darum, dass Sie die Körpersprache Ihres Kindes genauestens beobachten und es über die Toilette oder den Topf halten, wenn es so aussieht, als müsse es jetzt mal. So erziehen manche indigenen Stämme wie die Digo in Kenia und Tansania ihre Kinder zur Sauberkeit.

Wenn Sie spät mit dem Training starten

Wenn Sie bei Ihrem Kind erst im Alter von über dreieinhalb Jahren mit der Sauberkeitserziehung anfangen, gestaltet sich dieses Unternehmen etwas schwieriger. Ihr Kind kann dann zwar sehr gut Anweisungen ausführen und ist auch körperlich schon entsprechend entwickelt, doch meistens ergeben sich Verhaltensprobleme, die nicht auftreten, wenn das Toilettentraining früher beginnt.

Je weniger Zeit es in Windeln verbracht hat, desto leichter fällt ihm der Umstieg auf normale Unterwäsche. Meiner Erfahrung nach brauchen Kinder, die später zur Sauberkeit erzogen werden, länger, um sich mit der Toilette anzufreunden.

Gerade ältere Kinder entwickeln eine gewisse emotionale Anhaftung an ihre Windel, denn mit dieser fühlen sie sich sicher. Außerdem müssen Sie sich bei älteren Kindern klar durchsetzen, denn Dreijährige inszenieren heftige Wutanfälle, wenn sie nicht bekommen, was sie wollen. Ich habe eine Dreijährige erlebt, die eine solche Szene hinlegte, dass ihre Eltern das Töpfchentraining aufgegeben haben, obwohl die Kleine eindeutig bereit dafür war. Erste Runde: eins zu null für das Kind. Wenn Sie also mit dem Sauberkeitstraining anfangen, müssen Sie es auch durchziehen. Endziel: *die komplette Windelfreiheit!*

Wenn Ihr Kind ein Spätentwickler ist

Wie ich bereits sagte: Herauszufinden, ob Ihr Kind in seiner Entwicklung so weit ist, ist der wichtigste Punkt beim Trockenwerden. Kam Ihr Kind jedoch als Frühchen zur Welt oder hat mit anderen Schwierigkeiten zu kämpfen, dann kann es sinnvoll sein, das Töpfchentraining später zu beginnen als mit zweieinhalb Jahren. Wenn Ihr Kind zum Beispiel erst spät sprechen lernt, heißt das, dass sein Nervensystem vielleicht noch nicht ausreichend entwickelt ist. Doch gerade dies beeinflusst ebenjene Funktionsbereiche, die für die Sauberkeitserziehung entscheidend sind: Blase, Beckenboden und Darm.

Vernunft ist alles

DIE SAUBERKEITSERZIEHUNG IST NICHT SO GRUSELIG, wie wir uns das ausmalen. Ganz ehrlich: Je mehr Tamtam Sie darum machen, desto mehr verinnerlicht Ihr Kind den Stress und verknüpft ihn mit dem Töpfchengehen. Das Training sollte nach Möglichkeit Spaß machen – also sagen Sie sich einfach, dass es *Spaß* machen wird, und schwupps, stellt sich der *Erfolg* ganz von selbst ein.

Machen Sie keinen Kampf daraus

Ich werde jetzt brutal ehrlich sein: Wenn ich mit den Kindern anderer Leute mein Sauberkeitstraining mache, dann legen diese sich nicht mit mir an. Die Kinder sträuben sich nur, wenn die Eltern zu Hause sind – was mir eine Menge verrät über die Disziplin in diesem Haushalt. Offensichtlich benehmen die Kinder sich Fremden gegenüber besser als gegenüber den eigenen Eltern. Jedes Kind weiß schließlich, wie es seine Eltern um den Finger wickelt. Vielleicht denken Sie sich ja jetzt: »Nee, mein Maxi manipuliert mich doch nicht.« Nun, die Wahrheit ist: Macht er doch!

Ich habe so viele Meistermanipulatoren auf wackligen Beinchen kennengelernt, dass ich mir angewöhnt habe, am ersten Tag des Töpfchentrainings die Eltern erst mal zum Spazierengehen zu schicken. Ich besuche ja jede Familie im Vorfeld, sodass ich ausreichend Gelegenheit habe zu beobachten, wie ein Kind sich seinen Eltern gegenüber verhält. Das vergleiche ich dann mit seinem Verhalten mir gegenüber. Wenn ich das negative Verhalten beim Zwiegespräch mit dem Kind korrigieren kann, weiß ich gewöhnlich, wer hier der Herr im Haus ist ... und meistens ist es tatsächlich das Kind!

Wenn Ihr Kind in Ihrem Haushalt der Boss ist, dann wird es auch die Sauberkeitserziehung zu kontrollieren versuchen. Dabei sind doch Sie es,

der/die hier das Sagen haben sollte. Machen Sie Ihrem Kind die Regeln klar und *halten Sie sich daran*! Kinder versuchen ja häufig, Sie gerade in neuen Situationen auszutesten. Um diese Art von Grabenkrieg zu vermeiden, bleiben Sie bei dem, was Sie ursprünglich als Regel aufgestellt hatten.

Davon mal abgesehen, sollte das Töpfchentraining Spaß machen! Ich sage meinen Klienten immer, dass es für ihr Kind ein Riesenschritt nach vorne ist. Und dass sie das Glück haben, dem oder der Kleinen diese wichtige Lektion vermitteln zu dürfen. Windelfrei zu werden und nur noch Unterwäsche zu tragen, heißt, dass Ihr Baby eben kein Baby mehr ist – und das sollten Sie feiern. Wenn Sie sich darüber freuen, wird das auch Ihr Kind tun.

Mythen übers Töpfchentraining

Um die Sauberkeitserziehung ranken sich unendlich viele Mythen. Einige davon möchte ich noch klären, bevor ich Ihnen meine Methode vorstelle. Tatsächlich fange ich all meine Workshops mit einem kleinen Fragebogen an, bei dem die Teilnehmer ankreuzen müssen, ob sie etwas für wahr oder falsch halten. Das zeigt mir, wes Geistes Kind meine Klienten sind und welche Themen ich unbedingt näher erläutern sollte. Hier einige der verbreitetsten Mythen:

1. WENN SIE IM GANZEN HAUS TÖPFCHEN VERTEILEN, WIRD IHR KIND EHER SAUBER.

Ich bin mir nicht sicher, ob es Leute gibt, die das wirklich empfehlen, aber viele Eltern scheinen diesen Rat für einleuchtend zu halten. Bei mir steht dieser Punkt ganz oben auf der Liste, weil es tatsächlich der häufigste anzutreffende *Fehler* ist. Ich lasse mir von meinen Klienten immer erst die Wohnung zeigen, bevor wir mit dem Training loslegen. Bei diesen Inspektionen habe ich Töpfchen an folgenden Orten gefunden: in der Küche, im Badezimmer, neben der Couch im Wohnzimmer, neben dem Kinderbett, im Flur und im Spielzimmer.

Formulieren wir das Ganze mal so rum: Würden Sie gerne in der Küche auf den Topf gehen? Oder im Flur? Neben dem Sofa, während Ihr Partner fernsieht? *Nein*? Wenn Sie an solchen Orten ein Töpfchen platzieren, signalisieren Sie Ihrem Kind nur, dass es in Ordnung ist, überall in der Wohnung auf die Toilette zu gehen. Eigentlich aber ist das ja nur in der *Toilette* erwünscht.

Durch das Toilettentraining wollen Sie Ihr Kind ja gerade davon abbringen, im ganzen Haus herumzupinkeln. Trägt ein Kind Windeln, dann heißt das, dass es überall auf die Toilette gehen kann, wo es gerade möchte. Und plötzlich wollen wir, dass es sich das abgewöhnt. Wenn wir also im ganzen Haus Töpfchen verteilen, vermitteln wir dem Kind eine doppelte Botschaft.

2. JUNGS WERDEN SPÄTER SAUBER ALS MÄDCHEN.

Rein statistisch betrachtet, habe ich mehr Jungs zur Sauberkeit verholfen als Mädchen, aber das war meiner Ansicht nach nur ein Zufall. Tatsächlich hatte ich eher den Eindruck, dass die Mädchen, mit denen ich zu tun hatte, eher eine Herausforderung waren. Es gibt natürlich eine ganze Reihe von Faktoren, die beeinflussen, wie leicht Ihr Kind seinen Weg zur Windelfreiheit findet. Das hat zum Beispiel auch mit den Geschwistern zu tun, mit der Persönlichkeit des Kindes und mit Ihnen als Elternteil.

Das erste oder einzige Kind in einer Familie wird meiner Erfahrung nach erst später sauber, weil es für die Eltern eben das erste Mal ist. Das macht das Töpfchentraining schwieriger. Jüngere Geschwister hingegen sehen das ältere Geschwisterkind die Toilette benutzen und wollen das auch, denn Kinder neigen nun mal zur Nachahmung. Andererseits will ein echtes Nesthäkchen, das die Eltern lange Zeit wie ein Baby behandeln, diesen Zustand vielleicht so lange wie möglich aufrechterhalten. Es will dann gar nicht »wie ein Großer« auf die Toilette gehen. Und das ist nun mal eine wesentliche Voraussetzung fürs Sauberwerden.

Warum aber hatte ich dann mehr Jungs als Mädchen im Training? Nun, fast alle Jungs waren vom selben Persönlichkeitstyp. Eltern machen häufig den Fehler zu glauben, ihr Kind sei nicht bereit, dabei brauchte »das Peterle« bloß einen sanften Tritt in den Allerwertesten (natürlich nur im übertragenen Sinne).

3. IHR KIND WIRD IHNEN SAGEN, WENN ES FÜR DAS TÖPFCHENTRAINING BEREIT IST.

Sollte dieser Fall tatsächlich jemals eintreten, so dürfen Sie sich glücklich schätzen. In den meisten Fällen passiert das nämlich nicht. Machen Sie sich daher keine Gedanken, wenn Ihr Kind nicht eines Tages freiwillig auf die Toilette geht. Wann immer ich ein Kind zum Töpfchentraining bekam, das älter als drei Jahre war, sagten die Eltern zu mir: »Ich dachte immer, sie würde es am Ende von selbst lernen.« Aber wie bereits gesagt: Je eher Sie dem Kind das mit dem Töpfchengehen beibringen, umso einfacher ist es für alle. Wenn Sie darauf warten, bis Ihr Kind sich zu dem Thema eine eigene Meinung gebildet hat ... dann haben Sie schon zu lange gewartet, eben weil Ihr Kind seine Meinung zu der ganzen Sache hat!

4. TRAININGSWINDELN HELFEN.

Der einzige Unterschied zwischen Trainingswindeln und normalen Windeln ist der, dass Trainingswindeln aussehen wie richtige Unterwäsche. Aus unerfindlichen Gründen bringt dies Eltern scharenweise dazu, die Dinger zu kaufen, weil sie denken: »Wow! Die kleine Annika wird ganz automatisch lernen, dass sie ins Badezimmer gehen und ihre Hose runterziehen soll.« In Wirklichkeit bestehen normale Windeln und Trainingswindeln aus demselben Material. Sie fühlen sich für das Kind genau gleich an. Und das heißt, dass die kleine Annika in die Trainingswindel genauso reinmacht wie in normale Windeln.

5. WENN MAN EIN KIND ALLE DREISSIG MINUTEN INS BADEZIMMER SCHLEIFT, LERNT ES, WIE MAN EINE TOILETTE BENUTZT.

Auf diese Weise erreichen Sie nur eines: Ihr Kind wird das Töpfchentraining hassen und ihm jeden nur erdenklichen Widerstand entgegensetzen. Ich persönlich muss nicht alle dreißig Minuten auf die Toilette. Das gilt vermutlich auch für Ihr Kind. Es dazu zu zwingen, wird also vermutlich Frustration auslösen. Für Kleinkinder ist jeder Entwicklungsschritt eine Herausforderung – wenn Sie einen solchen Schritt provozieren wollen, wird es nur schwieriger für Sie und das Kind.

WELCHER PERSÖNLICHKEITSTYP IST IHR KIND?

Ich habe erst kürzlich ein tolles Buch zu diesem Thema gelesen: *Einfach typisch! Für Eltern – so verstehen und fördern Sie die Persönlichkeit Ihres Kindes* von Florence Littauer. Dieses Buch hat mir wirklich die Augen geöffnet. Seitdem betrachte ich Kinder auf andere Art. Und je mehr Kinder zu mir zum Töpfchentraining kamen, je mehr Kinder ich kennenlernte, desto deutlicher wurde mir, dass sich jedes Kind in eine oder zwei der folgenden Kategorien einordnen lässt. Das hilft mir natürlich sehr, meine Methode an die spezielle Kinderpersönlichkeit anzupassen.

Starker Wille, dickköpfig, ehrgeizig, extrovertiert

Bei einem Kind dieses Persönlichkeitstyps muss man sich wirklich überlegen, wie man mit ihm umgeht, um Trotzreaktionen nach Möglichkeit zu vermeiden. Solche Kinder sind häufig bockig, rechthaberisch und absolut nicht zur Kooperation bereit, wenn man ihnen sagt, sie *müssten* etwas tun. Sie wollen Dinge nur tun, wenn, wann, wie und wo es ihnen passt. Im Allgemeinen aber bekommen sie einiges allein auf die Reihe, weil sie sowieso davon überzeugt sind, immer recht zu haben.

Andererseits ist dies häufig der Typ, der am einfachsten zum Sauberwerden zu bewegen ist, weil solche Kinder ausgesprochen unabhängig sind und wirklich von selbst auf den Topf gehen. Sie sollten den Anschein erwecken, als überließen Sie dem Kind die Kontrolle, schon um Ärger zu vermeiden. Lassen Sie ihm eine Wahl, aber konfigurieren Sie diese nach Ihren Vorstellungen vor. Wenn es um einen kleinen Imbiss geht, fragen Sie beispielsweise: »Möchtest du lieber einen Apfel oder eine Banane?« Sagen Sie nicht: »Was hättest du denn gerne?« So vermeiden Sie von vornherein, dass das Kind an Schokoriegel denkt. Beim Sauberwerden können Sie zum Beispiel fragen: »Möchtest du allein auf den Topf gehen oder hättest du gern Hilfe?«

Mittelpunkt jeder Feier, albern, auf Vergnügen aus, extrovertiert

Diese Kinder brauchen Spaß. Wenn Sie sie zum Mitmachen bewegen wollen, dann müssen Sie ihnen alles so aufregend wie möglich darstellen. Das Töpfchentraining sollte eine Riesensache sein, damit das Kind dabeibleibt – sonst verliert es schnell das Interesse. Solche Kinder stehen gerne im Mittelpunkt der Aufmerksamkeit möglichst vieler Menschen. Binden Sie also ruhig mehrere Leute ins Training ein: Das macht Ihr Kind stolz! Drehen Sie ein kleines Video, in dem es erklärt, was es geschafft hat, und schicken Sie dieses an Oma, Opa, Freunde, das Kindermädchen … überhaupt an alle, die Ihrem Kind etwas bedeuten.

Der Haken an diesem Persönlichkeitstyp ist, dass er das Interesse verliert, wenn er nicht mehr im Rampenlicht steht. Dann fällt er vielleicht sogar in alte Verhaltensmuster zurück. Sie sollten ihm die Belohnungen also gaaaanz langsam entziehen, um ihm den Übergang in ein normales Leben ohne Windeln zu erleichtern.

Der introvertierte Denker und Perfektionist

Sie wissen, dass Ihr Kind zu diesem Typ gehört, wenn es ständig nachfragt: »Aber warum?« Dabei will es Ihnen keineswegs auf die Nerven gehen, ehrlich! Solche Kinder hassen Veränderungen und wollen alles Mögliche wissen, bevor sie sich auf eine neue Aufgabe einlassen.

Wenn Sie ein so veranlagtes Kind ins windelfreie Leben begleiten wollen, liefern Sie ihm so viele Informationen wie nur möglich, *bevor* Sie mit dem Training anfangen. Erklären Sie ihm, *was* passieren wird, *warum* und *wie*, *welche Veränderungen* zu erwarten sind (für immer Unterwäsche!), was Sie von ihm *erwarten* und was es bei dem Ganzen *gewinnt*. Dieser Persönlichkeitstyp ist sehr, sehr vorsichtig. Er wird sich dem Neuen nicht zuwenden, wenn er nicht glaubt, die Sache bewältigen zu können. Daher müssen Sie Ihrem Kind so viele Informationen liefern wie nur möglich.

Locker, lässig, auf Lob aus, introvertiert

Wenn Sie sich fragen, welcher Persönlichkeitstyp am meisten Schwierigkeiten mit dem Sauberwerden hat: Voilà, da haben Sie ihn! Solche Kinder wollen mit minimalem Aufwand an Arbeit und Anstrengung durchs Leben gehen. Man muss diesem Kind sagen, was es tun soll, oder es wird nichts tun – was gar nicht so selten vorkommt, einfach weil es keine Lust hat, sich Mühe zu geben. Es mag Arbeit nicht, weil es weiß, dass sie eben genau das ist: Müh und Plag. Da es jedoch auf Lob aus ist, kann man es hin und wieder doch bewegen, eine Aufgabe auszuführen.

Um solch ein Kind zu Potte zu bringen, müssen Sie ihm (buchstäblich) ständig Anleitung geben und ihm (im übertragenen Sinne) permanent die Hand halten. Bei diesem Typ Kind hat es wenig Sinn, auf seine Bereitschaft zu setzen, denn da können Sie lange warten! Da ein solches Kind selten von sich aus Interesse zeigt, denken die Eltern meist, es sei einfach noch nicht so weit. In Wirklichkeit braucht es hier nur einen kleinen Stups.

Während des Töpfchentrainings muss Ihr Kind lernen, wie es sich anfühlt, wenn es eine volle Blase hat. Und dass es das aushalten muss. Wenn Sie das Kind alle dreißig Minuten im Bad aufs Töpfchen setzen, bringen Sie ihm nur bei, alle dreißig Minuten zu *müssen*. Es soll aber doch lernen, seine Ausscheidungen zu kontrollieren und nur alle paar Stunden zu gehen.

Außerdem wollen Sie doch beim Kind Vertrauen aufbauen, damit es Ihnen sagt, wenn es auf den Topf muss. Wenn Sie es aber alle dreißig Minuten ins Badezimmer bringen, dann muss es Ihnen ja nicht kommunizieren, wann es seiner Ansicht nach so weit ist. Es muss ja auch auf die Toilette, wenn es eben nicht muss. Das sorgt unweigerlich für Frustrationen.

Halten Sie sich an den Plan

Wenn ich Workshops zum Thema »Sauberkeitserziehung« gebe, sage ich den Eltern, dass der allererste Schritt zu einem erfolgreichen Töpfchentraining ein sinnvoller Plan ist. Und zwar ein Plan, den nicht Sie allein fassen, sondern der alle Mitglieder des Haushalts miteinbezieht. Nichts verwirrt ein Kleinkind mehr als widersprüchliche Signale. Wenn Eltern und Kindermädchen das Training unterschiedlich angehen, dauert es vermutlich länger, bis das Kind sauber wird, denn es muss nach zwei Methoden lernen statt nach einer.

Für meine Methode empfehle ich, dass Sie sich zwei bis drei Tage Zeit nehmen, in denen das Töpfchentraining im Mittelpunkt steht, also nicht nur ein paar Stunden hier und ein paar Stunden da. Ernsthaft, ich hatte mal Klienten, die ihren ganzen Sommerurlaub dem Töpfchentraining ihres Sohnes widmeten – und dann ehrlich geschockt waren, als ich das in 18 Stunden hinbekommen habe. So etwas wollen Sie doch sicher nicht erleben! Haben Sie sich schon mal ausgemalt, wie es wäre, wenn Mäxchen übers Wochenende die Sache mit dem Töpfchen verinnerlicht hätte? Nun, das muss kein Traum bleiben.

Natürlich ist jedes Kind anders und lernt in seinem ganz eigenen Rhythmus, aber mein Plan umfasst nun mal sinnvolle Prozeduren fürs Sauberwerden und verstärkt positives Verhalten. Nachdem Sie dieses Buch gelesen haben, werden Sie voller Selbstvertrauen an die Sache herangehen – und Sie haben eine recht klare Vorstellung von all den kleinen Kniffen, die Ihr Kind in diesem Zusammenhang aus der Trickkiste zaubern wird.

Sollte Ihr Kind aber nicht zu den Kids gehören, die innerhalb von 18 Stunden für immer windelfrei werden, dann ist auch das in Ordnung. Machen Sie sich einfach bewusst, dass Ihr Kind eine jahrelang geübte Gewohnheit aufgeben und eine völlig neue erlernen soll. Ich rate meinen Klienten immer, mindestens zehn Tage lang bei meiner Methode zu bleiben, bevor sie etwas Neues ausprobieren. Eine lieb gewordene Gewohnheit abzulegen, ist nicht für jedes Kind gleich einfach. Aber das gilt ja wohl für uns alle.

Sie sind der Erwachsene

Sie sind der Boss, nicht Ihr Kind. Das hört sich jetzt vielleicht doof an, aber wie oft haben Sie schon vergeblich versucht, Ihren irrationalen Minimenschen mit vernünftigen Argumenten zu überzeugen? Vielleicht öfter, als Sie sich eingestehen wollen. (Keine Sorge, ich gehöre auch zu diesem Typ!)

Als meine Mutter frustriert versuchte, mit mir »zu Potte zu kommen«, erinnerte mein Vater sie immer wieder daran: »Sie ist nicht dein Chef.« Ich wollte in typischer Brandi-Manier alles genau so haben, wie es mir gerade einfiel. Doch Kleinkinder wissen nun mal nicht, was gut für sie ist, gerade beim Töpfchentraining. Außerdem ist die ganze Sache für sie ja völlig neu. Daher sollte Ihr Kind zu dem Thema nur eine Meinung haben: die Ihre. Aus diesem Grund müssen Sie konsequent bleiben und die ganze Sache nach Plan durchziehen.

Also: *Nur die Ruhe und einfach weitermachen!* Kinder leben von Ihrer Energie. Wenn Mama genervt ist, sind alle genervt. Kinder saugen Ihre

Frustration förmlich auf. Wenn Sie voller Frust ans Töpfchentraining herangehen, wird das Kind automatisch Ihre negativen Gefühle mit dem Ablegen der Windel in Verbindung bringen. Das verursacht beim Kind eine irrationale Angst, die sich noch verstärkt, wenn es älter wird.

Wenn Sie merken, dass Sie frustriert sind, atmen Sie einmal tief durch. Meistens passiert das, wenn das Kind ein Malheur produziert, aber solche »Unfälle« sind Teil des Töpfchentrainings. Sie ermöglichen Ihrem Kind einen Lernprozess. Ihr Kind wird einfach solche Pannen haben. Sagen Sie sich das immer wieder, bevor Sie mit dem Training anfangen. So können Sie sich geistig darauf einstellen. Wenn es dann passiert, bleiben Sie ruhig. Der Dreck, den solch ein Unfall verursacht, ist ein vorübergehendes Malheur.

Genießen Sie's!

Vergessen Sie nicht, dass dies eine Zeit ist, die eine tiefe Bindung zwischen Ihnen und Ihrem Kind schafft. In unserer hektischen Welt haben wir doch nur höchst selten Gelegenheit, uns zwei oder drei ganze Tage nur unserem Kind zu widmen. Sie werden Ihrem oder Ihrer Kleinen helfen, diesen wichtigen Meilenstein erfolgreich zu meistern. Und da Sie dabei viel Zeit mit Ihrem Kind verbringen, haben Sie reichlich Gelegenheit, süße Fotos in Unterhöschen zu machen, mit denen Sie Ihren bockigen Teenager später mal erpressen können.

Werfen Sie nicht das Handtuch!

Auch Ihnen möchte ich ans Herz legen, es mindestens zehn Tage lang zu versuchen, bevor Sie aufgeben. Das heißt: zehn Tage von dem Moment an, in dem Sie Ihrem Kind das erste Mal windelfreie Unterhöschen überziehen – Tag 1. Sie können Ihrem Kind in drei Tagen beibringen, wie es zum Pinkeln auf den Topf gehen kann. Gegen Ende wird es dabei nur noch sehr wenige feuchte Pannen geben. Doch bis sich das so richtig eingespielt hat, braucht es länger als drei Tage. Also warten Sie mindestens zehn Tage ab, bis Sie überprüfen, ob der Plan funktioniert hat oder nicht.

Nach einem meiner Töpfchenworkshops kam eine Mutter zu mir und erzählte, sie habe alles versucht, um ihre Kleine sauber zu bekommen, aber nichts habe funktioniert. »Als ich sie in Unterhosen steckte, hat sie das ganze Haus vollgepinkelt. Es war eine Katastrophe.« Sie war vollkommen traumatisiert, daher steckte sie die Kleine wieder in Windeln. Die *Mutter* war traumatisiert, nicht das Kind.

Meine erste Frage war: »Nun, wie lange hat sie die Höschen denn getragen?«

Antwort: »Fünfundvierzig Minuten.«

Ich lachte in mich hinein, als sie mir das erzählte. Leute, es braucht schon länger als eine Dreiviertelstunde, um eine Gewohnheit zu durchbrechen! Bevor wir gehen lernen, fallen wir des Öfteren hin. Und wir pinkeln nun mal auf den Boden, bevor wir auf die Toilette gehen. Wenn Sie das Töpfchentraining mit einer Dreijährigen starten, dann machen Sie sich klar, dass das Kind nun drei Jahre lang gelernt hat, dass es in seine Windeln machen soll. Und seit ein paar Tagen erwartet man nun von ihm, dass es woanders pinkeln soll – was im Übrigen auch noch deutlich unbequemer ist als die tragbare Toilette, die Sie ihm bislang um die Hüften gewickelt haben.

Wenn der Plan nach zehn Tagen nicht funktioniert, dann gibt es dafür gewöhnlich einen Grund. Höchstwahrscheinlich ist dies ein Verhaltensproblem, oder Ihr Kind ist von seiner Entwicklung her noch nicht so weit. Oder – und es tut mir leid, das zu sagen – Sie machen etwas falsch. Doch ich hoffe sehr, dass Sie wissen, was Sie nicht tun sollten, wenn Sie mit der Lektüre dieses Buches durch sind.

Die Töpfchensprache lernen

SEIEN SIE DOCH MAL EHRLICH: Wissen Sie wirklich, wie Ihre Blase funktioniert? Von mir konnte ich das jedenfalls nicht behaupten, und so kam mir nach einigen Jahren Töpfchentraining der Gedanke: *Ich sollte mich mal ernsthaft damit beschäftigen!*

Wie funktioniert die Blase?

Die Blase ist Teil des Harntrakts, zu dem neben der Blase die Harnleiter, die Nieren und die Harnröhre gehören. Man kann die Blase mit einem Ballon vergleichen, der sich mit Urin füllt. Weitere Funktionen hat sie nicht. Ihre Nieren produzieren Urin. Das geht – vereinfacht ausgedrückt – so vor sich: Ihre Nieren filtern Ihr Blut. Was sie herausfiltern, wird mit Wasser vermischt, das ist dann unser Urin. Der Urin fließt danach durch zwei Muskelschläuche, die Harnleiter, in die Blase ab. Die Muskulatur in der Harnleiterwand zieht sich rhythmisch zusammen und entspannt sich dann wieder. So wird der Urin in die Blase transportiert. Bleibt der Urin zu lange in der Niere, dann entsteht eine Nierenentzündung. Ich hatte so etwas schon mal und würde es keinem Menschen wünschen.

Doch es gibt noch weitere wichtige Teile des Harntrakts, die mit der Urinausscheidung, kurz Pinkeln, zu tun haben: die Harnröhre, der Beckenboden und die inneren und äußeren Schließmuskeln (Sphinkter). Der Urin verlässt die Blase und fließt durch die Harnröhre nach unten, wo der Harnfluss von den Schließmuskeln kontrolliert wird. Diese sind besonders wichtig. Sie umschließen die Harnröhre wie eine Art Gummiband und sorgen dafür, dass unsere Blase nicht leckt und wir nicht unbeabsichtigt Urin abgeben.

Haben Sie schon mal vom *Beckenboden* gehört? Nicht? Das macht nichts. Ich habe in meinem Freundeskreis herumgefragt: Niemand wusste, was das ist. (Mein Mann dachte gar, das sei ein Knochen. Haha!) Man spricht hier nicht umsonst von einem »Boden«. Tatsächlich handelt es sich dabei um den muskulösen Boden des Beckens, der unter anderem Gebärmutter, Darm und Blase stützt. Da es sich um Muskelgewebe handelt, kann es schlaff werden. Es lässt sich aber auch trainieren. Erschlafft der Beckenboden, so kann er die Schließmuskeln der Blase nicht unterstützen. Dann kommt es zu ungewollten Harnabgängen. Um pinkeln zu können, müssen Sie den Beckenboden entspannen. Viele Kinder merken einfach nicht, dass sie diese Muskulatur kontrollieren können, bis man ihnen beim Töpfchentraining zeigt, wie es geht.

Körpersprache

Kinder signalisieren ihre Bedürfnisse und Wünsche auf unterschiedlichste Weise – mit Worten, durch Deuten, Weinen, manchmal auch durch Schreien und Treten. Vermutlich wissen Sie über die Körpersprache Ihres Kindes mehr, als Ihnen im Augenblick bewusst ist. Ein Gutteil des Töpfchentrainings besteht darin, dass Sie lernen, die körperlichen Signale Ihres Kindes richtig zu deuten.

Ich habe in den letzten Jahren immer wieder erlebt, dass Eltern dachten, ihr Kind sei nicht reif fürs Training, weil es nie gesagt hat: »Ich möchte mein Geschäft jetzt auf dem Topf verrichten.« Tatsächlich müssen Kinder noch keinen großen Wortschatz haben, um das Töpfchentraining zu meistern, obwohl eine gewisse Ausdrucksfähigkeit natürlich hilfreich ist. Als ich zum ersten Mal ein Mädchen mit einundzwanzig Monaten trainierte, musste ich mit einem Kind kommunizieren, das sprachlich noch nicht

WIE KINDER IHRE TOILETTENBEDÜRFNISSE ARTIKULIEREN

Wenn Sie während des Töpfchentrainings eines dieser Signale an Ihrem Kind bemerken, sollten Sie es ans Badezimmer erinnern:

» Es hat plötzlich einen angestrengten Gesichtsausdruck.
» Es zappelt herum.
» Es wird wütend auf Sie.
» Es fasst sich an.
» Es versteckt sich vor Ihnen.
» Es guckt auf seine Windel/Unterwäsche.
» Es weint aus unerfindlichen Gründen und ist schlecht drauf.
» Es hockt sich hin.
» Es bleibt unbeweglich stehen.

so weit war. Trotzdem hat die Kleine deutlich mit Gesten gezeigt, was sie wollte. Etwa nach der Hälfte der Trainingstage kam sie plötzlich auf mich zu und klopfte vorne auf ihre Windel. Klares Zeichen dafür, dass sie gehen musste. Das wurde ihr Zeichen dafür, dass sie auf den Topf musste – zumindest, bis ihr Wortschatz besser entwickelt war.

Fast jedes Windelkind hat einen bestimmten Ort in der Wohnung, den es für den Absatz von Kaka für würdig befunden hat. Das ist meist ein eher verstecktes Plätzchen, an dem es sich wohlfühlt, zum Beispiel im eigenen Schlafzimmer, im Schrank, hinter dem Sofa oder in einer anderen ruhigen Ecke im Haus. Wenn Ihr Kind zu diesen Kindern gehört, achten Sie darauf, dass es nicht in der Nähe dieses Örtchens ist, wenn es muss. Solange es nicht regelmäßig die Toilette benutzt, wird es sich weiterhin an diesem vertrauten Ort erleichtern.

Erklären Sie alles

Es gibt viele Dinge, über die Sie mit Ihrem Kind sprechen können, bevor Sie mit dem Töpfchentraining beginnen. Wenn Sie es geistig auf dieses Unternehmen vorbereiten, wird es weniger Fragen haben und sich auch weniger Gedanken über das Ganze machen. Fangen Sie mit den Erklärungen nicht gleich am ersten Tag an. Dann ist Ihrem Kind alles neu und möglicherweise auch zu viel.

Lenken Sie die Aufmerksamkeit des Kindes schon einige Wochen vor dem Training auf die vollen Windeln. Viele Kinder begreifen den Unterschied zwischen »nass« und »trocken« nicht. Wenn es das vor dem Training versteht, ist schon viel gewonnen. Versuchen Sie ihm zu vermitteln, dass eine volle Windel sich unangenehm anfühlt, eine trockene viel angenehmer ist. Das lässt sich ganz wunderbar machen, wenn Sie die Windeln wechseln.

Ein weiterer wichtiger Punkt ist es, dass Sie Ihr Kind beim Windelwechseln einfach stehen lassen. Das Töpfchentraining ist der Punkt, an dem Ihr Baby zu einem Kleinkind wird. Wenn Sie ein Baby wickeln, muss es sich hinlegen. Doch wenn das Kind im Stehen gewickelt wird, nimmt das einen wichtigen Punkt beim Töpfchentraining vorweg. Auch dabei werden nämlich die Höschen hinauf- und hinuntergezogen.

WIE SAG ICH'S MEINEM KIND?

>> Deine Windel ist nass. Komm, jetzt kriegst du eine, die schön trocken ist. <<

>> Deine Windel ist schmutzig. Nehmen wir doch eine saubere. <<

>> Ist es nicht toll, so schön sauber zu sein? <<

>> Vorher warst du nass, jetzt bist du trocken. <<

Wenn Sie Ihr Kind ins Badezimmer mitnehmen, wenn Sie auf die Toilette gehen, lernt es ganz von selbst, was dort passiert. Denn natürlich können Sie ihm viel erklären, aber wenn es sieht, worum es geht, ist doch vieles
gleich klarer. Außerdem bekommt es so mit, dass jeder auf den Topf muss
und dass es sich davor nicht zu fürchten braucht. Erklären Sie ihm dann
noch, was dabei vorgeht. Dann steht dem eigenen Toilettengang nichts
mehr im Wege.

WIE SAG ICH'S MEINEM KIND?

» Mama hat heute viel Wasser getrunken. Jetzt sagt mein Körper mir,
dass ich auf den Topf muss. Gehen wir doch gemeinsam. «

» Hörst du das? Mama hat das ganze Pipi in den Topf gemacht. «

» Komm, spülen wir doch das Pipi gemeinsam runter. Sag:
›Tschüss, Pipi!‹ «

» Bald kannst du auch richtige Höschen tragen und auf den Topf gehen.
Genauso wie Mama und Papa. «

Bekanntschaft mit der Toilette schließen

SELBST WENN IHR KIND MIT DER TOILETTE VERTRAUT IST, ist es sinnvoll, sie ihm ganz offiziell vorzustellen: Auf diese Weise sind Sie es, der darüber bestimmt, was Ihr Kind darüber denkt, und nicht jemand anderer. Je mehr das Kind über Toilette und Badezimmer weiß, desto selbstverständlicher wird es beides am Anfang des Trainings benutzen. Sagen Sie zum Beispiel: »Max, das hier nennt man Toilette. Wenn du ein großer Junger bist, wirst du darauf sitzen, wenn du Pipi oder Kaka machst. Dann brauchst du keine Windel mehr. Wenn du dein Geschäft gemacht hast, spülst du es runter. Das geht so. Aber die Toilette ist kein Spielzeug.«

Erste Schritte

Fangen Sie an, die Windeln im Badezimmer zu wechseln statt im Kinderzimmer oder wo auch immer Sie das bisher gemacht haben. Schließlich möchten Sie ja, dass Ihr Kind »Badezimmersachen« tatsächlich im Badezimmer macht. Genau das erwarten Sie von ihm, sobald Sie auf die Windeln verzichten. Wenn Sie die Windel wechseln, wo es Ihnen gerade einfällt, erhält Ihr Kind widersprüchliche Signale. Hat es sich erst einmal ans Windelwechseln im Badezimmer gewöhnt, wird es auch den Toilettensitz dort eher annehmen.

Denken Sie sich eine Belohnung aus

Die richtige Belohnung ist ein ganz wichtiges Moment im erfolgreichen Töpfchentraining. Wie alle anderen Menschen auch sind Kinder motivierter, wenn sie für das Erledigen einer Aufgabe belohnt werden. Die meisten Kinder sind nicht bereit fürs Sauberwerden, nur weil Sie mal nett fragen.

Wenn Sie also Ihr Kleines motivieren wollen, müssen Sie es jedes Mal konkret belohnen. Wenn Sie Ihrem Kind versprechen, dass es ein neues Fahrrad oder ein neues Spielzeug bekommt, *nachdem* es gelernt hat, sein Geschäft auf dem Topf zu verrichten, wird das nichts nützen. Kinder brauchen jedes einzelne Mal eine Belohnung, wenn sie während der Trainingszeit auf den Topf gehen und dort erfolgreich sind. Sonst funktioniert das nicht.

Ich empfehle den Eltern immer, als Belohnung Dinge zu wählen, die das Kind wirklich mag. Das kann alles Mögliche sein, aber ich finde, dass Süßigkeiten hier am besten funktionieren. Ich weiß, ich weiß ... Man soll Kinder ja nicht mit Essbarem belohnen. Ich finde diese Empfehlung prinzipiell ja auch richtig. Aber das Töpfchentraining läuft so viel reibungsloser ab, wenn Sie sich trotzdem dazu durchringen könnten!

Kleinkinder lassen sich nun mal nicht so leicht motivieren, weil ihre Lebenserfahrung noch begrenzt ist. Aber jedes Kind weiß, was es am liebsten isst. Vor diesem Hintergrund können Sie dann alles aussuchen, was sein Herz begehrt. Ich habe die ganze Bandbreite durch, von Smarties über Gummibärchen und Goldfischlis bis hin zu Rosinen. Die Leckerei sollte so klein sein, dass Sie sie mehrfach am Tag geben können, ohne gesundheitliche Probleme befürchten zu müssen. Andererseits muss es wirklich etwas Besonderes sein, weil Ihr Kind für eine Kleinigkeit, die es ohnehin jeden Tag haben kann, wohl nicht ständig ins Badezimmer gehen wird.

Ich weiß, dass es Eltern gibt, die lieber ein wenig variieren würden, was sie als Belohnung geben. Ich hatte auch schon Eltern, die ihrem Kind einen ganzen Korb voll kleiner Spielsachen versprochen haben – aber das klappt so nicht. Kinder finden kleine Autos zu Anfang vielleicht toll, aber nachdem sie vier oder fünf davon bekommen haben, erlischt die Begeisterung. Und Sie werden Ihr Kind sehr oft belohnen müssen. Ich habe schon erlebt, dass Kinder an *einem* Tag zwischen 15- und 20-mal auf den Topf gingen.

Selbst wenn Ihr Kind nur 5-mal geht, wären das am Ende der Woche 35 kleine Autos. Und Sie müssen das mit der Belohnung mindestens zwei Wochen lang durchziehen. Kaufen Sie lieber eine Tüte Smarties!

Zusammen mit der Leckerei verwende ich Stickertafeln, die ich an der Badezimmertür oder –wand anbringe. Es gibt gerade für Kinder sehr hübsche Aufkleber zur Auswahl. Nicht alle Kinder mögen Sticker, aber der Versuch lohnt sich. Auf diese Weise wird das Kind zweifach belohnt, wenn es das Badezimmer benutzt. Den Sticker vom Blatt zu lösen, ist gut für die feinmotorischen Fähigkeiten von Kleinkindern. Also dürfen sie den Sticker selbst abziehen. Sollte dies nicht gelingen, fragen Sie Ihr Kleines, ob es Hilfe braucht: »Wenn du Hilfe möchtest, sag es doch einfach.«

Was Sie brauchen

» Spiele, die Sie im Haus machen können (Puzzle, Malbücher, Lego und so weiter)

» Trainingswindeln für die Nacht, die den üblichen Windeln Ihres Kindes nicht ähneln

» ein durchsichtiges Glas, in dem Sie die Belohnung aufbewahren

» verschiedene Getränke

» ein kurzes T-Shirt

» einen Toilettensitz/Toilettentrainer fürs Kind

» einen stabilen Plastikschemel für die Toilette

» einen Satz bunter Aufkleber

» eine Tafel/ein Blatt Papier für die Aufkleber

» Belohnung

» reichlich neue Unterwäsche

Aus bestimmten Gründen gibt es in meinen Workshops stets Anlass zu Diskussionen, wenn ich von einem Töpfchen oder einem Toilettenstuhl für Kinder abrate. Meiner Erfahrung nach tendieren Eltern zum Toilettenstuhl, weil er so klein ist, ideal für ein Kleinkind im entsprechenden Alter. Außerdem ist er hübsch bunt und meist noch mit Motiven aus beliebten Kinderfilmen verziert. Manche dieser Stühle machen sogar lustige Geräusche, wenn man »die Spülung« betätigt. Ich habe aber gute Gründe, warum ich gegen diese Stühle bin. Wenn ich im Laden stehe und wildfremde Leute wollen so ein Ding kaufen, mische ich mich wirklich und wahrhaftig ein und erkläre ihnen, warum das nicht so gut ist. Und das werde ich weiterhin tun, wann immer ich Gelegenheit habe.

Ein Toilettensitz/Toilettentrainer hingegen ist ein Einsatz für die Toilette, der dem Kind ermöglicht, gleich auf die *richtige* Toilette zu gehen. Meiner Ansicht nach ist dies der beste Weg, um Ihr Kind windelfrei zu bekommen. Das Kind sitzt von Anfang an bequem auf dem »Thron«, und Sie müssen ihm nicht zuerst eine Technik beibringen, um dann wenige Monate später zu einer anderen überzugehen. Wenn Sie mit dem Toilettensitz arbeiten, muss das Kind natürlich auch die Möglichkeit haben, sich bequem darauf niederzulassen. Dazu brauchen Sie einen stabilen Plastikschemel, wie er im Handel erhältlich ist.

Von der folgenden Empfehlung habe ich keinerlei finanziellen Vorteil, trotzdem sollten Sie wissen: Der Toilettentrainer von BabyBjörn ist der beste, den ich je verwendet habe. Ich bitte meine Klienten immer, einen solchen zu kaufen, bevor ich mit dem Training bei ihnen beginne. Können sie ihn nicht rechtzeitig besorgen, bringe ich einen mit – eben weil er wirklich große Klasse ist. Viele Eltern klagen nämlich darüber, dass der Toilettensitz auf der Toilette nicht richtig hält. Dann aber hat das Kind Angst, sich daraufzusetzen. Es will schließlich nicht herumrutschen. Der Toilettensitz von BabyBjörn löst dieses Problem mit einem Gummiring unter dem äußeren Rand. Außerdem hat er auf der Innenseite einen Mechanismus, mit dem Sie ihn auf der Toilette sichern können. So lässt er sich jeder Toilettenform problemlos anpassen. Ich habe noch keine Toilette gefunden, auf die er nicht gepasst hätte. (Das soll jetzt aber keine Aufforderung sein, sich auf die Suche zu machen.)

Warum ich keine Toilettenstühle benutze

Sorry, aber ich muss das hier einfach noch mal konkret erläutern.

Toilettenstühle sind keine richtigen Toiletten. Sie vermitteln dem Kind die falsche Vorstellung, dass es diese spezielle Toilette immer benutzen kann, wenn es muss.

Möchten Sie wirklich, dass Ihr Kind das Töpfchen selbst ausleert? Denn genau das wird es versuchen.

Der Toilettenstuhl lässt die »große« Toilette immer ein bisschen gefährlich erscheinen. Schließlich ist Ihr Kind nicht daran gewöhnt, so hoch zu sitzen.

Es gewöhnt sich auch nicht an das Geräusch der Wasserspülung, weil sein Toilettenstuhl die verrücktesten Dinge macht, wenn es fertig ist: das Geräusch anfahrender Autos, Blinklichter oder Kinderlieder.

Irgendwann muss Ihr Kind ohnehin mal auf die richtige Toilette gehen. Warum sollten Sie ihm das nicht gleich beibringen?

Außerdem ist das Saubermachen des Topfes auch kein Spaß. Es riecht nun mal ziemlich.

Vorbereitung auf die drei Tage

OKAY, JETZT KANN ES ALSO LOSGEHEN. Ich möchte, dass Sie sich als Erstes Ihren Terminkalender schnappen und drei aufeinanderfolgende Tage auswählen, an denen Sie sich tatsächlich voll und ganz dem Töpfchentraining widmen können. Die Methode wird nur funktionieren, wenn Sie sich entsprechend bemühen und bis zum Ende dabeibleiben. *Es einen halben Tag lang zu versuchen und dann Ihr Kind darüber entscheiden lassen, ob es weitermachen will oder nicht, ist keine Alternative.*

Es ist kein Spiel

Auf einem Fragebogen, den ich meinen Klienten zu Beginn des Trainings aushändige, signalisierte mir eine Mutter durch mehrere verschiedene Antworten, dass ihr Kind »es nicht mag«. Damit war die Sache für sie gegessen. Die Mutter meinte, sie wolle »das Spiel nicht mehr mitspielen«. Nun, das Töpfchentraining ist kein Spiel. Sie können es zwar durchaus witzig gestalten, sodass es für Sie und Ihr Kind zu einer unvergesslichen Erfahrung wird. Aber Sie müssen Ihrem Kind auch klar signalisieren, dass von dem Moment an, in dem Sie die Windeln wegnehmen, die normalen Höschen Alltag sind.

Es hört sich vielleicht hart an (und es tut mir leid, wenn ich so rüberkomme), aber ich versuche hier, Ihnen den Rücken zu stärken. Es ist so leicht, dem Willen unserer Kinder nachzugeben, denn welche Eltern wollen denn schon, dass ihr Kind sich aufregt? Vermutlich wird Ihr Kind während des Trainings irgendwann zu weinen anfangen, aber nur, weil alles so neu ist und Kinder nun mal daran gewöhnt sind, uns ihre Gefühle mit Tränen mitzuteilen. Aber ich kann Ihnen eines versprechen: Nichts ist so umwerfend wie der Anblick Ihres Kindes, wenn es klick macht und es voller Stolz strahlt.

Ich weiß, das ist nicht einfach, aber ich kann diesen Punkt nicht genug betonen. Einknicken ist der Hauptgrund, warum Eltern mit dem Töpfchentraining scheitern: *Geben Sie daher den unvorhersehbaren Launen Ihres Kindes während des Töpfchentrainings nicht nach*: »Nein, du kannst nicht die ganze Tüte Smarties haben. Und nein, auch deine Windel bekommst du nicht wieder.«

Wählen Sie Ihre drei Tage klug

Setzen Sie die erforderlichen drei Tage fest und halten Sie sich an den Termin. Ich rate meinen Klienten gewöhnlich zu einem langen Wochenende, an dem nichts anderes ansteht. Sie werden während dieser drei Tage im Haus festsitzen, und das meine ich ganz wörtlich: keine Verabredungen, keine Pläne, kein Skype, keine E-Mails. Sperren Sie das Telefon in den Schrank und lassen Sie es dort. Ihr Kind braucht Sie jetzt rund um die Uhr. Und Handys sind die größte Ablenkung für Eltern. Ich weiß, wovon ich rede, ich gehöre auch zu dieser Sorte.

Planen Sie im Voraus

Sobald Sie die nötigen drei Tage reserviert haben (Haben Sie doch schon, oder?), sollten Sie mit der Planung beginnen. Juhu! Kacke und Pipi – das wird spannend!

Hier eine Checkliste, was erledigt sein sollte, bevor Sie Ihr witziges Windelabenteuer anpacken:

LEBENSMITTEL: Frühstück, Mittag- und Abendessen, Snacks und Leckerli zur Belohnung. Und Sie brauchen verschiedene Getränke für Ihr Kind. (Und ein bisschen Wein oder härtere Sachen für sich selbst. Ich jedenfalls würde Sie keineswegs verurteilen, wenn Sie sich Ihr erstes Glas schon um die Mittagszeit herum einschenken … Nee, war nur Spaß!) Und vergessen Sie ja nicht einen größeren Vorrat Küchenrollen und Boden- bzw. Teppichreiniger.)

MAHLZEITEN: Zum Kochen werden Sie keine Zeit haben, denn wenn Sie kochen, können Sie nicht auf Ihr Kind aufpassen. Kaufen Sie also Salate und Fertigmahlzeiten ein, oder kochen Sie vor. Sie können natürlich auch was von auswärts bestellen. Keine Sorge, es sind ja nur ein paar Tage. Sorgen Sie dafür, dass sie ein Erfolg werden. Möglicherweise haben Sie ja auch Hilfe, sodass eine Person die Mahlzeiten zubereitet, während die andere beim Kind in der Unterwäsche bleibt.

NEUE AKTIVITÄTEN: Stocken Sie Ihre Vorräte an Plaste, Wachsmalkreiden, Malbüchern und Puzzles auf. Sie werden drei Tage lang im Haus festsitzen, und Ihr Kind soll ja nicht aus Langeweile durchdrehen. Wenn Sie es durch neue Aktivitäten ablenken können, haben Sie schon gewonnen. Was Sie dabei berücksichtigen sollten: Neue Aktivitäten sollten nicht zu viel Dreck machen, denn Ihr Kleinkind kann von einer Sekunde auf die andere zu pinkeln anfangen. Daher sollten Sie Ihre Pläne so gestalten, dass Sie dabei ohne schicke Klamotten auskommen. Ach, und noch was: Fernsehen ist verboten. Sie können also auch keine neuen Filme angucken. Ja, ich weiß, ich habe mir das bis zum Schluss aufgehoben. Aber das gehört nun mal zum erfolgreichen Töpfchentraining.

ARBEIT: Halten Sie diese drei Tage von jeder beruflichen Verpflichtung frei. Vertrauen Sie mir. Ich weiß, dass das nicht leicht ist, weil ich im Augenblick auch arbeite, meine Kinder versorge und dieses Buch schreibe. Heutzutage vermischen sich Arbeit und Freizeit nur allzu leicht. An den drei Tagen, an denen Sie Ihr Kind in ein windelfreies Leben begleiten, sollte dies nicht der Fall sein. Sie gehören ausschließlich Ihrem Kind. Die Arbeit kann warten. Wenn nicht, dann verlegen Sie den Zeitpunkt für das Training, denn dann sind Sie noch nicht bereit.

BABYSITTER: Wenn Sie noch ein Kind im Haushalt haben, versuchen Sie, einen Babysitter zu bekommen. Denn Sie müssen wirklich ununterbrochen bei dem Kind bleiben können, das gerade sein Töpfchentraining absolviert. Sie müssen innerhalb von Sekunden reagieren können. Wenn Sie zur selben Zeit auch noch Ihrem Baby die Brust oder die Flasche geben müssen, können Sie nicht einfach alles liegen und stehen lassen, weil Peterchen gerade reinmacht. Sollten Sie tatsächlich niemanden finden, der Sie unterstützt, dann stellen Sie einen Laufstall auf, und zwar entweder an einem sicheren Ort oder dort, wo Sie sich mit dem Töpfchenkind aufhalten. Es wird der Fall eintreten, dass Sie das kleinere Kind unbeaufsichtigt lassen müssen. Und es sollte auf jeden Fall sicher sein, während Sie im Badezimmer zugange sind. In diesen drei Tagen hat Ihr Töpfchenkind Vorrang.

ORT: Bitte hören Sie da auf mich: Halten Sie sich vorzugsweise in unmittelbarer Nähe des Badezimmers auf. Wenn Ihr Kind beim Training ein Malheur hat, müssen Sie es sich schnappen und ins Bad eilen. Ich bin ziemlich sicher, dass Sie keine Urinspur durchs ganze Haus ziehen wollen. Haben Sie Teppiche, sollten Sie überlegen, ob Sie diese mit Plastikfolie abdecken. Auch Handtücher auf dem Boden sind sinnvoll, wenn Ihr Kleines dort spielt.

Ich weiß, das hört sich alles furchtbar anstrengend an, aber sehen Sie es einfach als eine Zeit, in der Sie eine tiefe Bindung zu Ihrem Kind aufbauen können. Betrachten Sie Ihr Haus mit neuen Augen, und kramen Sie ein paar alte Spielsachen hervor. Blödeln Sie herum, und veranstalten Sie eine kleine Tanzparty. Wenn Sie neben Ihrem Kind mit Spielsachen spielen, wird sein Interesse wachsen. Dann wird das Töpfchentraining für Sie beide zu einer lohnenden Erfahrung.

Das Essen als Verbündeter

Da die drei Tage Töpfchentraining so viel Spaß wie möglich machen sollen, dürfen Sie ruhig auch alle Leibspeisen Ihres Kindes auf den Tisch bringen. Schließlich wollen Sie sich ja auf das Töpfchentraining konzentrieren. Das Letzte, was Sie jetzt gebrauchen können, ist einer dieser häufigen Kämpfe ums Essen.

Mahlzeiten gehören zu den Hotspots der Sauberkeitserziehung, weil Kindern gerade dabei häufig Pannen passieren. Da das Essen wohl eher sporadisch stattfinden wird (Ihr Kind wird viel trinken und bekommt ja auch einiges an Leckereien), sollten Sie Dinge auf den Tisch bringen, von denen Sie genau wissen, dass Ihr Kind sie mag.

Das Wichtigste ist, dass Ihr Kind während dieser drei Tage möglichst viel trinkt. Sie sollten also Sachen auftischen, die es zum Trinken anregen.

NAHRUNGSMITTEL, DIE IHR KIND ZUM TRINKEN ANIMIEREN

Im Allgemeinen sollte man davon eher die Finger lassen, aber Sie können Ihrem Kind ja zwischendrin noch ein paar gesunde Dinge zu essen geben. In den drei Tagen des Töpfchentrainings aber sind gerade diese Lebensmittel sehr hilfreich.

» Apfelmus
» Brot
» Chips
» Kräcker
» Fischli
» Hotdogs

» Erdnussmus, ruhig mit dem Löffel oder auf Brot
» Pizza
» Popcorn
» Wassermelone

Und zu guter Letzt ...

Ich stelle immer wieder fest, dass Eltern während der Vorbereitungszeit total ausflippen, mehr noch als während des eigentlichen Trainings. Das ist nicht nötig. Sie wissen es vielleicht noch nicht, aber Sie sind schließlich *Experte* in allen Dingen, die mit dem Badezimmer zu tun haben. Sie dürfen sich selbst ruhig vertrauen. Sie können auf der Toilette pinkeln und sich danach die Hose hochziehen wie ein Großer. Also atmen Sie mal tief durch, denn es wird alles klappen. Und Ihrem Kind wird es prima gehen.

Damit jedoch alles gut geht, sollten Sie den nächsten Abschnitt (*Während der drei Tage*) gründlich lesen, und zwar schon vorher! Darin finden Sie eine Antwort auf Ihre bohrendsten Fragen, zum Beispiel: »Und wie mache ich das jetzt konkret?« Natürlich werde ich Ihnen auch im nächsten Abschnitt wieder Dinge sagen, die Sie keinesfalls tun sollten. Das liegt daran, dass ich in vielerlei Hinsicht auch erst aus Erfahrung klug geworden bin. Und ich werde Ihnen meine »Scheißweisheiten« auf dem Präsentierteller servieren. (Ja, irgendwie veralten diese Witze doch nie!)

Während
der
drei
Tage

1 **Weg mit den Windeln**

2 **Ein starker Anfang**

3 **Trinken, trinken, trinken**

4 **Hopp, hopp, auf den Topf**

5 **Wiederholen**

SCHRITT 1:
Weg mit den Windeln

VOR DEM ERSTEN TAG DES TÖPFCHENTRAININGS sollten Sie Ihrem Kind genau erklären, was Sie machen wollen. Für Ihr Kind ist das ein Riesenentwicklungsschritt. Es verdient zu wissen, was da genau passiert und warum, wie lange es dauert und was es davon hat. Das Kind sollte den Toilettensitz kennen und wissen, was es zur Belohnung erwartet. Es sollte sich seine neue Unterwäsche ausgesucht haben. Wenn Sie es ausreichend auf diesen Tag vorbereitet haben, wird es sich darauf freuen. Dann ist es auch bereit für die Herausforderung.

Okay, mein Kind wacht also um sieben Uhr früh auf. Soll ich dann sofort loslegen? Nein, keinesfalls. Am wichtigsten ist, dass das Kind morgens gut frühstückt. Die Essgewohnheiten geraten während des Töpfchentrainings häufig ein wenig durcheinander. Da das Kind sich darauf konzentriert, »es« zurückzuhalten, ist es vermutlich beschäftigt und wird weniger essen als üblich. Außerdem sind Mahlzeiten meist die Zeit, in der die Konzentration nachlässt und es zu »Unfällen« kommt. Daher sollte Ihr Kind eine kräftigende Mahlzeit zu sich nehmen und dann mit dem Training beginnen.

Also eins nach dem anderen. Zunächst einmal verabschieden wir uns von der Windel. Das ist ein Grund zur Freude, denn Sie werden viel Geld sparen. Allein die Ausgaben für Windeln summieren sich im Jahr auf gut 600 Euro. Die nächtliche Trainingswindel hingegen kostet für ein Jahr vielleicht 100 Euro. Juhu!

Nehmen Sie eine große Tasche, und gehen Sie mit Ihrem Kind durch die Wohnung. Sammeln Sie alle Windeln ein, die Sie finden, und legen Sie diese in die Tasche. Ihr Kind muss unbedingt dabei sein, also machen Sie ein Spiel daraus. »Gucken wir doch mal, ob wir all deine Windeln finden. Und zwar schnell. Komm, ich zähle mal mit.« Oder: »Da ist eine Windel. Legst du sie für mich in die Tasche?« Will das Kind nicht mitspielen, dann ist das auch in Ordnung. Es soll nur sehen, dass Sie alle Windeln verschwinden lassen. Und begreifen, dass damit nun *für immer* Schluss ist.

Sobald Sie auch wirklich jede Windel aus *jedem* Winkel hervorgefischt haben (vergessen Sie nicht die Windeltasche oder Ihren Rucksack), tun Sie so, als würden Sie alle wegwerfen. Ich rate nie zum Wegwerfen der Windeln, denn teure, unbenutzte Windeln sind eine prima Spende, zum Beispiel für Waisenhäuser oder Flüchtlingsheime.

Was Sie stattdessen tun können:

» Erzählen Sie Ihrem Kind, der Postbote würde die Windeln abholen und in Häuser bringen, wo kleine Babys sie gut gebrauchen könnten. Stellen Sie die Tasche (oder Schachtel) vor die Tür, und sorgen Sie dafür, dass jemand sie versteckt, wenn Ihr Kind es nicht sieht.

» Erzählen Sie Ihrem Kind, der Müllmann würde die Windeln mitnehmen. Stecken Sie alle Windeln in einen sauberen Müllsack, und stellen Sie diesen zu den Mülltonnen. Vergessen Sie nicht, den Sack später wieder hereinzuholen!

» Sagen Sie Ihrem Kind, die Windelfee würde alle Windeln zu kleinen Babys bringen. Verstecken Sie die Tasche in Ihrem Schrank, damit das Kind sie nicht zufällig findet.

» Wenn Sie ein Baby im Haus haben, das die Windeln braucht, dann legen Sie trotzdem alle in eine Tasche. Sorgen Sie dafür, dass Ihr Kleinkind die Tasche nicht sieht: aus den Augen, aus dem Sinn.

Sie haben gemerkt, worum es mir hier geht? Ihr Kind hat jetzt ganz offiziell keine Windeln mehr. Das ist ein sehr wichtiger Schritt, denn wenn es nach seinen Windeln fragt, können Sie sagen: »Was haben wir mit den Windeln gemacht? Wir haben alle Windeln eingesammelt und ... (Das Richtige einsetzen). Jetzt helfen sie kleinen Babys, die sie noch brauchen. Ich bin so stolz auf dich, weil du schon so groß bist und eigene Unterwäsche hast.«

Ihr Kind muss begreifen, dass es keine Möglichkeit gibt, die Windeln zurückzubekommen. Da es ja beim Einsammeln dabei war und weiß, dass die Windeln jetzt weg sind, weiß es auch, dass es keine Windeln mehr haben kann. Es will ja letztlich nur überprüfen, ob es Ihnen auch tatsächlich ernst ist.

NOCH EIN TIPP! Sollte Ihr Kind seine Windeln zurückhaben wollen und sich als Baby bezeichnen, dann sagen Sie ihm, dass es kein Baby mehr ist und dass Sie das ungeheuer stolz macht. Manchmal ist es gar nicht so leicht, kein Baby mehr zu sein, also versichern Sie ihm, dass Sie es lieben und dass es viel Spaß machen wird, größer zu werden.

Ein starker Anfang

DIE LETZTE WINDEL, die Sie loswerden müssen, ist die, die Ihr Kind trägt, während Sie die Windeln in der ganzen Wohnung zusammensammeln. Danach gehen Sie mit ihm ins Badezimmer, nehmen ihm die Windel ab und ziehen ihm das neue Höschen über. Und ein kurzes T-Shirt. Es sollte so kurz sein, dass Sie den Slip gut sehen können. Wenn es zu lang ist, merken Sie nicht, wenn Ihr Kind zu pinkeln anfängt und das Höschen feucht wird. Machen Sie es sich so einfach wie möglich, und ziehen Sie dem Kind jetzt noch keine Hosen an. Wenn das Geschäft buchstäblich in die Hose geht, haben Sie nur noch ein Kleidungsstück mehr, das Sie wechseln und waschen müssen. Ihrem Kind die Hose auszuziehen, kostet nur wertvolle Zeit, wenn es zu pinkeln anfängt.

Im nächsten Schritt zeigen Sie Ihrem Kind alles, was es nun braucht, und erzählen ihm, was nun vorgehen wird.

Dann kann das Training beginnen. Sie werden Ihrem Kind *den ganzen Tag lang* durchs Haus folgen. Im Ernst: den ganzen Tag. Das hat seinen Grund: *Ihr Kind in dem Moment zu erwischen, wenn »es« anfängt, in die Hose zu gehen, ist der wichtigste Teil des gesamten Trainings.* Wenn Eltern mir erzählen, dass ihrem Kind regelmäßig das eine oder andere Malheur passiert, frage ich immer sofort, wo sie in diesem Moment gerade waren. Und erhalte meist die Antwort: »In einem anderen Raum.« Nun, das sollte nicht passieren. Immer wenn Ihr Kind einen »Unfall« hat, muss es sofort ins Badezimmer gebracht werden, oder es wird nie lernen, was es tun soll.

Wenn Sie Ihrem Kind durchs Haus folgen (und dabei nach Möglichkeit in der Nähe des Badezimmers bleiben), sollten Sie immer wieder sagen: »Sag mir, wenn du auf die Toilette musst.« Wenn Sie das den ganzen Tag lang wiederholen und das Gefühl haben, es sei jetzt langsam genug, dann haben Sie es höchstwahrscheinlich immer noch nicht oft genug gesagt.

>>Ich bin so stolz auf dich, weil du heute so ein großer Junge bist und richtige Unterwäsche trägst wie Mama und Papa. Wenn du heute auf dem Topf Pipi machst, bekommst du eine Belohnung und darfst einen Sticker auf dein Blatt kleben. Es ist wirklich wichtig, dass du Mama [oder der Person, die das Töpfchentraining durchführt] sagst, wenn du auf die Toilette musst. Du musst darauf achten, dass deine Unterwäsche schön trocken bleibt. Deshalb musst du mir sagen, wenn du musst.<<

Badezimmerslang

Haben Sie den Unterschied bemerkt? Sie sagen: »Sag mir, wenn du musst.« Und nicht: »Möchtest du gerne auf die Toilette gehen?« Meine Fragen und Aussagen signalisieren eine klare Linie. Die einzige Wahl, die Sie Ihrem Kind hier lassen, ist die Frage, ob es jetzt gehen muss oder später. Sie fragen nicht, ob *ihm* danach ist. Wenn Sie eine positive Aussage treffen, zum Beispiel, wie stolz Sie sind, weil es schon so groß ist, erinnern Sie es trotzdem daran, dass es auf die Toilette gehen soll. Machen Sie sich Gedanken über Ihre Formulierungen, denn Sie wollen Ihr Kind ja nicht so sehr langweilen, dass es von der ganzen Geschichte genug hat. Also überlegen Sie sich im Voraus, was Sie sagen wollen:

>> »Sag mir, wenn du auf den Topf musst.«

>> »Ist dein Höschen noch trocken?«

>> »Ich bin so stolz auf dich, weil dein Höschen immer noch trocken ist.«

>> »Du machst das super: Den ganzen Tag war dein Höschen trocken.«

>> »Ich finde es toll, was du heute für ein großes Mädchen bist und dass du lernst, auf die Toilette zu gehen.«

» »Sag mir, wenn es Zeit ist, aufs Klo zu gehen.«

» »Wie viele Gummibärchen (oder was auch immer) bekommst du, wenn du auf die Toilette gehst? Du bekommst eines fürs Pipimachen und zwei fürs Kaka. Ist das nicht super?!«

Sie können auch prüfen, ob die Unterwäsche noch trocken ist. Legen Sie die flache Hand auf die Rückseite des Höschens. Ist sie trocken, sollten Sie die Aufmerksamkeit des Kindes darauf ziehen, wie gut es seiner Aufgabe nachkommt. Ob Schulterklopfen oder Handschlag, ein körperliches Zeichen der Anerkennung ist immer gut. Ist das Höschen feucht, dann bringen Sie Ihr Kind ins Badezimmer, legen Sie ihm ein neues Höschen an, und machen Sie deutlich, dass es die Unterwäsche trocken halten soll. »Nächstes Mal sagst du mir, wenn du auf die Toilette musst.« Wenn das ein paarmal so abgelaufen ist, wird das Kind vielleicht selbst prüfen, ob die Unterwäsche nass ist, und Ihnen Bescheid geben.

Wenn Sie wissen, dass es vermutlich bald muss, sagen Sie: »Bald setzen wir dich auf die Toilette und gucken, ob was kommt.«

Hat Ihr Kind Unterwäsche mit lustigen Motiven, können Sie sagen: »Pass auf, dass du nicht auf Marlin pinkelst, denn das ist bäh und wird ihm gar nicht gefallen.«

SCHRITT 3:
Trinken, trinken, trinken

NUN SOLLTEN SIE IHREM KIND SEIN LIEBLINGSGETRÄNK AUFTISCHEN und darauf achten, dass es möglichst viel trinkt. Schließlich kann es nur dann lernen, auf die Toilette zu gehen, wenn es wirklich häufig muss. Während der drei Trainingstage sollte es so oft wie möglich pinkeln müssen, damit es die neuen Badezimmerabläufe einüben kann. Und das geht nun mal nur mit voller Blase. Ein Kind, das am ersten Tag achtmal pinkeln muss, lernt schneller als eines, das nur höchstens dreimal auf den Topf muss.

Warum habe ich Ihnen geraten, mehrere verschiedene Getränke bereitzuhalten? Wie Eltern und Kindergärtnerinnen wissen, sind Kinder extrem mäkelig. Im einen Moment wollen sie unbedingt Milch trinken, im nächsten Moment finden sie, dass Milch einfach abscheulich schmeckt. Kinder lieben es, wenn sie Dinge auswählen können. Das gibt ihnen ein Gefühl der Selbstbestimmung. Jetzt dürfen Sie ruhig fragen, welches Getränk Ihr Kind gerne hätte. Wenn es keine Lust mehr auf Saft hat, bieten Sie etwas anderes an. Wechseln Sie häufig, um zu vermeiden, dass es nichts mehr trinken will, weil es immer dasselbe gibt. Auch hier müssen Sie vermutlich ein bisschen Kreativität an den Tag legen, wenn Ihr Kleines die viele Flüssigkeit satthat.

Bekommt Ihr Kind normalerweise keinen Saft? Wenn ja – und ich stehe da im Normalfall absolut hinter Ihnen, dann sollten Sie während des Töpfchentrainings eine Ausnahme machen. Da Säfte gewöhnlich viel Zucker enthalten, können Sie sie ja mit Wasser verdünnen. Vor allem, wenn Ihr

Kind selten Saft bekommt. Trinkt Ihr Kind nicht regelmäßig Fruchtsäfte, weiß es nicht, dass Sie den Saft verdünnt haben. Und es wird aufregend, etwas ganz Neues auszuprobieren. Das heißt, dass es viel davon trinkt – genau das, was Sie erreichen wollen.

Geben Sie ihm morgens und tagsüber möglichst viel zu trinken, bis zum Abendessen sollte es allmählich weniger werden. Ihr Kleines soll tagsüber möglichst häufig aufs Klo müssen, aber Sie wollen ja nicht, dass es mitten in der Nacht aufwacht, weil es ins Bett gemacht hat. Das wird aber passieren, wenn es mit einer vollen Blase schlafen geht.

WIE SIE IHR KIND ZUM TRINKEN BRINGEN

» Nippen Sie zuerst vom Glas.
» Lassen Sie es aus Ihrer Tasse trinken.
» Machen Sie einen Wettbewerb daraus: Wer hat die Tasse als Erster leer?
» Stellen Sie mit der Wenn-dann-Technik Belohnungen in Aussicht: »Wenn du drei Schluck getrunken hast, dann spielen wir Lego.«

WAS IHR KIND TRINKEN SOLLTE

» Kokoswasser
» Kräutertee
» Fruchtsäfte (verdünnt)

» Milch oder Kakao
» Smoothies
» Wasser

Hopp, hopp, auf den Topf

UND NUN HEISST ES WARTEN. Lassen Sie Ihr Kind nicht aus den Augen. Wo immer es hingeht, gehen auch Sie hin und erinnern es ständig daran, dass es Ihnen sagen soll, wann es auf die Toilette muss. Meiner Erfahrung nach ist dies der stressigste Part des Töpfchentrainings: Sie haben Ihrem Kind alles erklärt. Es hat bis jetzt kein Malheur verursacht. Sie wissen also noch nicht, wie es reagieren wird. Üblicherweise sind Kinder vollkommen überrascht, wenn ihnen das Pipi plötzlich die Beine hinunterläuft. Vor allem, wenn sie vorher noch keine Unterwäsche getragen haben. Aber genau weiß man das nie, bevor es nicht passiert ist.

Wie heißt es doch im Volksmund so treffend: »Shit happens.« In diesem Fall dürfen wir das wörtlich nehmen. Es wird mit Sicherheit zu »Unfällen« kommen, und die ersten sind die wichtigsten, weil sie Ihnen einiges über Ihr Kind sagen. Es ist wichtig zu wissen, wie lange es den Urin zurückhalten kann und welche körperlichen Signale Ihr Kind davor, während und danach »sendet«. Vielleicht notieren Sie das ja in einem kleinen Notizbuch. Ich mache das jedenfalls. Man denkt immer, dass man sich an alles erinnert, aber nachdem man ein paarmal Hals über Kopf ins Badezimmer gestürzt ist, verschwimmt meist alles. Wenn Sie wissen, wann Ihr Kind das letzte Mal pinkelte, wann es was trank und wie lange es den Urin zurückhalten konnte, sind Sie einen Schritt voraus und können besser einschätzen, wann es das nächste Mal muss. Nach einigen solcher Pannen werden Sie ein Muster erkennen, das Ihnen sagt, wie lange Ihr Kind »es« zurückhalten kann.

Wenn es zum Beispiel gute eineinhalb Stunden schafft, müssen Sie es während der ersten 45 Minuten nach einem Badezimmerbesuch weniger häufig an die Toilette erinnern. Während der letzten halben Stunde fragen Sie besser öfter nach. Und wie ich bereits sagte: Sie wollen ja, dass Ihr Kind ein Gefühl für seine volle Blase bekommt. Es hat daher keinen Sinn, nach Stechuhr vorzugehen.

Die allererste Panne

Wenn Ihr Kind seinen ersten »Unfall« hat, nehmen Sie es *mitten im Pinkeln* auf! Tragen Sie es ins Badezimmer, und sagen Sie zu ihm: »Nein, nein, Pipi gehört in die Toilette, nicht auf den Boden.« Dann ziehen Sie ihm so schnell wie möglich das Höschen runter und setzen es auf die Toilette. Eine Warnung: Ihr Kind wird Sie vermutlich vollpinkeln. Die Pfütze auf dem Boden sollte Sie weiter nicht kümmern. Sie brennt Ihnen ja kein Loch in den Boden oder so was. Jetzt zählt nur, dass Ihr Kind lernt, was es im Badezimmer tun soll. Den Boden können Sie später putzen.

Wenn Sie es rechtzeitig erwischen, erschrickt Ihr Kind vermutlich und hört auf zu pinkeln. Es hat aber immer noch eine halbvolle Blase. Wenn dies der Fall ist, wird noch Urin kommen, wenn Sie es auf die Toilette setzen. Wenn nichts mehr kommt, hat es seine Blase entweder ganz auf den Boden entleert, oder es hält das Pipi zurück und muss in fünf Minuten wieder pinkeln.

Wie dem auch sei: Loben Sie Ihr Kind dafür, dass es jetzt auf dem Pott thront. Überschütten Sie es mit Lob für alle »Große-Kinder-Sachen«, die es an diesem Wochenende machen wird, selbst wenn es nur Kleinigkeiten sind. »Wow! Schau dich nur mal an. Du bist so ein großes Mädchen! Danke, dass du so schön auf dem Topf sitzt, Annika.« Wenn Ihr Kind kreischt und um sich tritt, dann loben Sie es für die eine Sekunde, in der es still saß: »Danke, dass du dich auf den Topf gesetzt hast. Das war prima.«

Es ist wirklich wichtig, eine positive Botschaft zu vermitteln, bevor Sie Ihr Kind umdirigieren. Wenn es auf der Toilette fertig ist, nehmen Sie sich

WIE SAG ICH'S MEINEM KIND (ODER AUCH NICHT)

Sagen Sie niemals Dinge wie:

» Du bist wirklich schlimm. «

» Da warst du aber ein böser Junge. «

» Warum hast du denn bloß auf den Boden Pipi gemacht? «

» Ich sagte dir doch, du sollst sagen, wenn du musst! «

Sagen Sie lieber Dinge wie:

» Das war keine gute Idee. «

Oder:

» Das kann man besser machen. «

» Ich sehe, dass du noch nicht die richtigen Entscheidungen triffst. «

» Auf den Boden pinkeln ist bäh. Das nächste Mal versuchen wir, das Pipi in die Toilette zu machen. «

» Sag mir, wenn du auf den Topf musst. «

ein paar Minuten Zeit, um mit ihm über die Panne zu sprechen. Zeigen Sie ihm die schmutzige Unterwäsche, und sagen Sie: »Bäh, dein Höschen ist nicht mehr trocken. Wir müssen aufpassen, dass es trocken bleibt. Sag Mama doch nächstes Mal, wenn du aufs Klo musst.« Dann gehen Sie mit ihm dorthin, wo »es« auf den Boden ging, und sagen: »Das ist wirklich bäh. Dein Pipi ist auf dem Boden statt in der Toilette. Es ist wirklich wichtig, dass du Mama sagst, wenn du aufs Klo musst.«

Dann können Sie aufwischen.

Wenn Ihr Kind den Unterschied zwischen nass und trocken noch nicht kennt, dann machen Sie ein Höschen in der Spüle nass und lassen Sie Ihr Kind es anfassen, damit es merkt, wann Unterwäsche nass und wann sie trocken ist. »Spürst du, wie nass und bäh das ist? Das dagegen ist hübsch trocken und sauber. Wir wollen heute deine Unterwäsche schön sauber halten.«

Nach der ersten Panne

Fünf Minuten nach dem ersten Malheur gehen Sie mit Ihrem Kind nochmals ins Badezimmer und lassen es auf der Toilette sitzen. Ich mache das, weil gerade das erste Mal immer ein bisschen traumatisch verläuft. Ein paar Minuten später hat sich alles wieder beruhigt, und Ihr Kind muss vielleicht tatsächlich noch mal. Aber lassen Sie es *nicht länger als eine Minute* sitzen. Es für längere Zeit sitzen zu lassen, ist frustrierend für das Kind, sodass es vielleicht Angst bekommt, wenn es auf die Toilette muss. Ist Ihr Kind unruhig und braucht lange, dann singen Sie ihm ein Liedchen vor. Wie wär's mit: »Alle meine Entchen«? Das beruhigt normalerweise.

Heben Sie es vom Thron, auch wenn es nichts gemacht hat. Bedanken Sie sich, weil es so brav draufgesessen hat, und geben Sie ihm *ein* Leckerli. *Das ist die einzige Gelegenheit, bei der ich das Kind belohne, selbst wenn es noch kein Geschäft auf dem Topf verrichtet hat.* Ich mache das aus einem bestimmten Grund. Wenn Sie Ihrem Kind sagen, dass es eine Leckerei bekommt, ist das nicht das Gleiche, wie die Leckerei auf der Zunge zu spüren. Sobald es die Erfahrung gemacht hat, weiß es, wofür es sich anstrengt. Erinnern Sie es daran, dass es immer ein Leckerli bekommt, wenn es auf der Toilette pinkelt. Für ein großes Geschäft gibt es sogar zwei Leckerli.

Wann bekommt das Kind eine Belohnung?

Wenn Sie klare Anzeichen erkennen, dass Ihr Kind auf die Toilette muss, dann lassen Sie es daraufsitzen. Wenn es sagt, es müsse gar nicht, dann sagen Sie: »Wenn du ... (zum Beispiel: an die Unterwäsche fasst, die Hände um dich legst, auf den Boden guckst), dann zeigt dein Körper mir, dass du auf die Toilette musst. Komm, wir gehen jetzt mal ins Bad und gucken, ob etwas kommt. Wenn du Pipi in die Toilette machst, bekommst du ein Leckerli.«

Wenn es absolut nicht ins Badezimmer will, Sie aber wissen, dass es müsste, wenden Sie die Wenn-dann-Technik an. Das klappt immer ganz gut, weil Ihr Kind sich dann auf etwas freuen kann, was es nach der Toilettensitzung machen kann. Zum Beispiel: »*Wenn* du jetzt auf den Topf gehst, *dann* spielen wir danach mit den neuen Bauklötzen.« Oder: »*Wenn* du in den Topf pinkelst, *dann* genehmigen wir uns nachher ein Eis.« Es ist wichtig, hier stark zu bleiben. Das Kind muss vorher auf den Topf, bevor es machen kann, was Sie ihm versprochen haben.

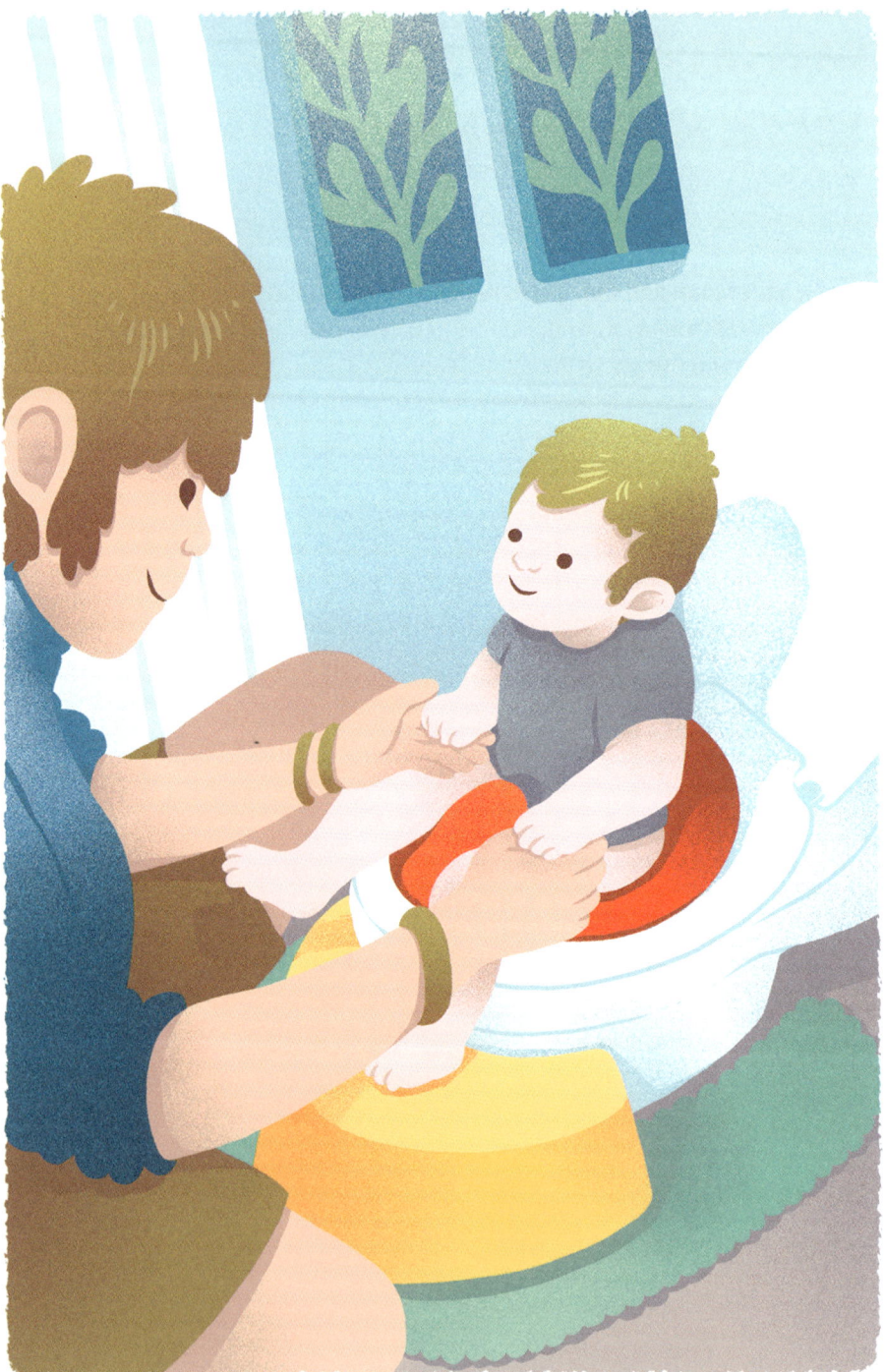

Wiederholen

IN DEN DREI TAGEN DES TÖPFCHENTRAININGS werden Sie diese vier Schritte ständig wiederholen. Ich weiß, das hört sich ganz schön anstrengend an, aber Sie müssen das ja nur das eine Mal machen, und Ihr Kind wird sein Leben lang davon profitieren. Wenn Sie aber nicht von Anfang an konsequent sind, wird sich das Sauberkeitstraining endlos hinziehen. Es ist die anfängliche Mühe also wirklich wert.

Außerdem gibt es bestimmte Tageszeiten, zu denen Sie Ihr Kind routinemäßig auf den Topf setzen sollten, was »Unfälle« ebenfalls beträchtlich reduziert. Sein Körper wird sich ganz allmählich an den von Ihnen festgelegten Stundenplan anpassen, sodass es Ihrem Kind bald ganz normal vorkommen wird, um diese Zeit ins Badezimmer zu gehen.

Hosen tragen und rausgehen

Je nachdem, welche Fortschritte Ihr Kind macht, können Sie das grundlegende Töpfchentraining bald um weitere Aufgaben ergänzen. In einem nächsten Schritt können Sie Ihrem Kind eine Hose anziehen und es einige Zeit draußen spielen lassen.

Ich persönlich nehme die Hosen erst am zweiten oder dritten Tag dazu. Hosen können eine echte Herausforderung sein – nicht nur, weil sie eine zusätzliche Schicht Kleidung darstellen, die vor dem Pinkeln abgestreift werden muss. Das Problem ist, dass Sie nicht sofort sehen, wenn Ihr Kind pinkelt, sobald es eine Hose trägt. Diese nämlich wird erst feucht, wenn es schon zu spät ist und alles buchstäblich in die Hose gegangen ist.

SETZEN SIE IHR KIND AUF DEN THRON

Zu diesen Zeiten sollten Sie Ihr Kleines auf den Topf setzen:

» wenn Sie an einem öffentlichen Ort ankommen
» wenn Sie es in den Kindergarten bringen
» vor und nach den Mahlzeiten
» vor dem Bad
» vor dem Schlafengehen
» bevor Sie aus dem Haus gehen
» nach dem Aufwachen

Hat Ihr Kind sich einigermaßen erfolgreich bis zur Mitte des zweiten Tages vorgearbeitet, dann lassen Sie es für 15 bis 20 Minuten draußen spielen. Das ist eine große Belohnung, die es erst bekommt, wenn es sich im Topf verewigt hat und Sie wissen, dass es 30 Minuten lang trocken bleiben kann. *Machen Sie es keinesfalls schon am ersten Tag.* So geschickt sich Ihr Kind beim Töpfchentraining auch erweist, es ist üblicherweise nicht so fit, dass es draußen spielen kann – weit weg von der nächsten Toilette. Außerdem kennen Sie selbst am ersten Tag die körperlichen Signale Ihres Kindes noch nicht so gut. Spielen Sie also am ersten Tag des Trainings lieber drinnen.

Denn sobald Sie mit Ihrem Kind mal rausgehen, will es natürlich nicht mehr rein. Damit es erst gar nicht zu Tobsuchtsanfällen kommt, sagen Sie ihm von vornherein, wie lange es draußen bleiben darf, und stellen Sie dann den Wecker. Sagen Sie ihm alle fünf Minuten, wie viel Zeit es noch draußen bleiben darf. Dann fällt es nicht aus allen Wolken, wenn es so weit ist.

Was auch immer Sie tun, Folgendes ist strikt verboten

Ich habe Ihnen schon gesagt, dass ich Ihnen für die drei Tage Töpfchentraining eine gründliche Planung ans Herz lege. Und ich habe ein paar Dinge erwähnt, die Sie unterlassen sollten, zum Beispiel von zu Hause aus arbeiten oder mit dem Kind weggehen. Aber das sind nicht die einzigen No-Gos für diese Zeit. Ein paar Tipps hätte ich da noch.

LASSEN SIE IHR KIND *NICHT* FERNSEHEN ODER MIT DEM IPAD SPIELEN. Das mag Sie hart ankommen, aber alle Eltern wissen: Wenn Ihr Sprössling vor dem Fernseher oder einem ähnlichen elektronischen Apparat sitzt, mutiert er buchstäblich zum Zombie. Wie oft müssen Sie seinen Namen rufen, bevor er überhaupt darauf reagiert? Aber wenn Ihr Kind vollkommen abschaltet, kommt es gewöhnlich zu einem Malheur. Ein paarmal erfolgreich auf dem Topf gewesen zu sein, heißt noch nicht, dass es die neuen Abläufe nun schon so weit verinnerlicht hat, dass es nur noch auf der Toilette pinkelt. Kinder vergessen das gerne, weil sie ihr Bewusstsein ausschalten, wenn der Fernseher flimmert. Wenn Fernsehen oder iPad für Ihr Kind unverzichtbar sind, legen Sie ihm ein Handtuch unter, und setzen Sie sich daneben. Erinnern Sie es immer wieder daran, dass es Ihnen sagen soll, wenn es auf die Toilette muss.

SCHAUEN SIE NICHT LÄNGER ALS 15 BIS 30 SEKUNDEN AUF IHR HANDY. Ich habe Sie ja bereits gewarnt, dass Ihr Kind sehr gut weiß, wie es Sie manipulieren kann. Ich verspreche Ihnen daher eines: Es wird seine Pinkelpannen exakt in der Sekunde haben, in der Sie nicht aufpassen bzw. den Raum verlassen. Die Gelegenheiten, bei denen Ihr Kind auf die Toilette muss, sind die einzigen, bei denen es lernen kann. Wenn Sie diese verpassen, weil Sie Candy Crush spielen, dann müssen Sie es wieder mit Flüssigkeit vollpumpen und warten, bis es das nächste Mal muss. So ein Mist!

LASSEN SIE IHR KIND NICHT ALLEIN IM RAUM. Sobald Sie Ihr Kleines am ersten Tag in normale Unterwäsche stecken, müssen Sie ihm auf den Fersen bleiben, bis es schläft – weil es sein Nickerchen hält oder abends ins Bett muss. Wenn Sie Essen aus der Küche holen, kommt Peterchen mit. Wenn Sie ins Badezimmer gehen, ist Annika dabei. Wenn Sie ins Schlafzimmer gehen, um sich umzuziehen, weil Ihr Kleines Sie vollgemacht hat, dann geht Ihr Schatz mit. Wenn Sie vollgepinkelte Höschen in die Waschmaschine packen, ist Annika wo? Genau, an Ihrer Seite. Sie verstehen, was ich sagen will? Sie müssen bei jeder Panne dabei sein, sonst funktioniert das Ganze nicht.

GEBEN SIE IHREM KIND KEINESFALLS SEINE WINDELN ZURÜCK. Wenn Sie Ihrem Kleinen die Windeln zurückgeben, weil es sie wiederhaben will oder Wutanfälle bekommt, dann zeigen Sie Ihrem Kind nicht nur, dass es der Chef im Haus ist, sondern blockieren auch noch auf lange Zeit den Weg in ein windelfreies Leben. Lassen Sie Ihrem Kind einmal die Windeln, wird es sie jedes Mal zurückerwarten und Sie nicht ernst nehmen, wenn Sie ihm erklären, dass es nun an der Zeit ist, die Windeln aus dem Haus zu verbannen. Daraus kann nur eines entstehen: ein gnadenloser Machtkampf, bei dem Ihr Kind bühnenreife Zornesausbrüche hinlegt.

Zu diesem Thema fallen mir spontan zwei Beispiele ein. In beiden Fällen waren es Mädchen, die windelfrei werden sollten, doch die Eltern reagierten jeweils ganz unterschiedlich. Eine der Mütter, ihres Zeichens Psychologin, wollte mit ihrem Kind einen Deal aushandeln, als es seinen Wutanfall bekam. Die Mutter wollte ihrer Tochter erst dann normale Unterwäsche anziehen bzw. mit dem Töpfchentraining fortfahren, wenn sie vernünftig mit ihr reden könne. Die andere Mutter war Hausfrau, die es irgendwie schaffte, ihrer Tochter Höschen anzuziehen, während diese schreiend auf den Boden einhämmerte, weil sie ihre Windel zurückhaben wollte. Nur eines der beiden Mädchen wurde windelfrei. Raten Sie mal, welches. (Okay, ich sag's Ihnen. Die Psychologentochter durfte ihre Windeln behalten, und es dauerte noch gut sechs Monate, bevor sie lernte, die Toilette zu benutzen.) Ersparen Sie sich das.

FRAGEN SIE NICHT, OB IHR KIND AUF DIE TOILETTE MÖCHTE ODER MUSS. Ganz ehrlich: Das ist einer meiner besten Tricks beim Töpfchentraining. Es hört sich zwar einfach an, aber Sie werden erstaunt sein, wie schwer es Ihnen fallen wird, diese Frage nicht zu stellen.

Wenn Sie Ihr Kind *fragen*: »Möchtest du auf die Toilette gehen?«, dann beinhaltet das eine Wahlmöglichkeit. Es kann also auch Nein sagen. In Wirklichkeit aber hat es gar keine Wahl. Sie haben es in normale Unterwäsche gesteckt, also muss es auf die Toilette gehen. Und mal ehrlich, wer *möchte* denn schon aufs Klo? Selbst Erwachsene nervt das manchmal, aber sie tun halt, was getan werden muss. Wenn Ihr Kind gerade so schön spielt oder etwas anderes tut, was ihm Spaß macht, wird es nie im Leben sagen, dass es stattdessen lieber aufs Klo gehen möchte. *Keine Chance.*

Wenn Sie Ihr Kind *fragen*: »Musst du auf die Toilette?«, dann kann es das nicht wahrheitsgemäß beantworten, also wird es grundsätzlich Nein sagen. Seine kleinen Nieren produzieren pro Minute ungefähr zehn Tropfen Urin. Es könnte also jederzeit ein paar Tropfen ablassen, wenn es auf die Toilette geht. Nur weiß es das noch nicht.

Statt zu fragen, fordern Sie es einfach auf: »*Sag mir, wenn du pinkeln musst.*« Ihr Kind muss dann weder überlegen noch eine Antwort geben, aber es weiß, was es machen soll, und kann Ihnen Bescheid geben, wenn es muss.

Ich schwöre, dass das funktioniert.

ERWARTEN SIE NICHT, DASS IHR KIND IHNEN VOR DEM MALHEUR SAGT, DASS ES AUF DEN TOPF MUSS. So weit, so gut. Nun wissen Sie, dass Sie Ihr Kind auffordern sollten, Ihnen zu sagen, wann es muss. Allerdings wird es das noch eine ganze Weile nicht tun, zumindest nicht vorher. Wie ich schon sagte: Sie lehren Ihr Kind, eine ganz neue Gewohnheit zu entwickeln. Ihr Kind erfährt etwas über seinen Körper. Sobald es begreift, worum es geht, und das entsprechende Gefühl entwickelt, wird es Ihnen sagen können, wann es muss. Bei manchen Kindern ist dies schon am zweiten Tag des Trainings der Fall, andere brauchen eine oder zwei Wochen dazu.

ZEIGEN SIE NIE FRUSTRATION ODER ÄRGER. Setzen Sie Ihrem Kind keine Termine, und machen Sie ihm keine Vorwürfe, wenn es einen »Unfall« hat. Es ist von entscheidender Bedeutung, dass das Töpfchentraining so locker wie möglich abläuft und dabei auch noch Spaß macht. Wenn Sie im Badezimmer regelmäßig wütend werden, wird Ihr Kleines denken, dass das von nun an immer so läuft. Nötigenfalls spielen Sie Ihrem Kind etwas vor, bis es so weit ist. Denken Sie an etwas Erheiterndes: an den Wein zum Abendessen (oder statt Abendessen).

BELOHNEN SIE IHR KIND NUR, WENN ES AUF DEM TOPF ERFOLGREICH WAR. Ich fülle die Naschereien gewöhnlich in ein verschließbares Glasgefäß und platziere es so, dass das Kind sieht, was es im Erfolgsfall von mir bekommt. So sieht es leibhaftig vor sich, was ihm das ganze Drama einbringt. Aber natürlich wird es seine Belohnung ohne vorherige »Gegenleistung« haben wollen. In diesem Fall sagen Sie ganz einfach: »Was musst du tun, damit du sie bekommst?« Wenn es nicht antwortet, wiederholen Sie die Regel: ein Gummibärchen (oder was auch immer) für Pipi, zwei für Kaka. Und bleiben Sie fest. Wenn Ihr Kind die Leckerei auch so bekommt, hat es keinerlei Motivation mehr, auf die Toilette zu gehen. Es hat sein Leckerli ja auch so gekriegt. Also wozu sich noch anstrengen?

EIN NEIN WIRD NICHT AKZEPTIERT. Sie werden Ihr Kind noch oft daran erinnern müssen, die Toilette zu benutzen. Da kommt es schon vor, dass sich Widerstand regt. Gewöhnlich in Form eines Wutanfalls oder eines klaren Neins. Wenn es tatsächlich Nein sagen sollte, antworten Sie: »Bitte sag nicht Nein. Die Unterwäsche vollzupinkeln geht nicht.« Oder: »Bitte sag nicht Nein. Du musst mir sagen, wenn du auf die Toilette musst.«

Bekommt Ihr Kind einen Wutanfall, dann müssen Sie da durch. Normalerweise ist dies eine kurze Phase, in der es versucht, die Kontrolle an sich zu reißen. Wenn es in die Hose macht, dann tragen Sie es ins Badezimmer (auch wenn es tritt und schreit und so weiter), ziehen ihm das nasse Höschen aus und setzen es auf den Topf. Versuchen Sie, es mit einem Lied abzulenken, damit es sitzen bleibt. Und sagen Sie ihm, wie toll es seine Aufgabe erledigt, weil es so schön auf der Toilette sitzt.

Sollte das nicht funktionieren und das Kind weiter toben, dann nehmen Sie es von der Toilette herunter, bedanken sich, weil es dort gesessen ist, und sagen Sie ihm: »Wir probieren es einfach später noch mal.« Sobald es wieder sauber ist und sich beruhigt hat, sagen Sie ihm, dass ein solches Verhalten nicht akzeptabel ist und dass es Ihnen sagen soll, wenn es auf den Topf muss. Ihr Kind sollte sich für seinen Wutanfall entschuldigen. Dann können Sie es umarmen und ihm sagen, wie stolz Sie sind, weil es sich

WAS SIE WÄHREND DES TRAININGS KEINESFALLS TUN SOLLTEN

» *Fragen* Sie nicht, ob Ihr Kind auf die Toilette muss oder möchte.
» Erwarten Sie (anfangs) nicht, dass Ihr Kind Ihnen vor dem Pinkeln sagt, dass es muss.
» Geben Sie Ihrem Kind unter keinen Umständen seine Windeln zurück.
» Geben Sie ihm nur dann eine Belohnung, wenn es auf der Toilette erfolgreich war.
» Lassen Sie Ihr Kind nie allein in einem Raum.
» Akzeptieren Sie niemals sein Nein.
» Lassen Sie Ihr Kind nicht fernsehen oder mit elektronischen Geräten spielen.
» Zeigen Sie weder Ärger noch Frustration.
» Benutzen Sie Ihr Handy höchstens für 15 bis 30 Sekunden.

heute verhält wie ein richtig großes Kind. Schenken Sie ihm Anerkennung, weil das alles nicht leicht ist. Es ist eben immer wieder schön, wenn man sich Mühe gibt und dann gelobt wird.

Hängt der Tobsuchtsanfall nicht mit der Toilette zusammen, dann lassen Sie es einfach toben. Versuchen Sie nicht, die Gefühle Ihres Kindes rational zu erklären oder es gar zu bestechen. Bleiben Sie still sitzen, bis es sich wieder beruhigt hat, und lenken Sie dann seine Aufmerksamkeit auf etwas anderes, zum Beispiel auf ein gemeinsames Spiel. Fangen Sie mit dem Spiel an, selbst wenn es das nicht will. Die Chancen stehen gut, dass es sich dazu herablässt, wenn Sie dabei Spaß zu haben scheinen. Und schon ist das Donnerwetter vorüber.

Nach
den
drei
Tagen

Ein Grund zum Feiern

SIE HABEN DIE ERSTEN DREI TAGE DES TÖPFCHENTRAININGS GEMEISTERT.
Gratuliere! Nun müssen Sie die gute Stimmung nur noch weiter aufrechterhalten und Ihr Kind weiterhin belohnen. Vermutlich hängt es Ihnen
längst zum Hals heraus, so auszuflippen, als hätten Sie einen Sechser im
Lotto, wenn Ihr Kind Pipi gemacht hat. Aber glauben Sie mir: Ihr Kind
kann das nicht oft genug hören.

Denn Sie wollen Ihr Kind ja weiterhin motivieren, auf die Toilette zu
gehen. Sie sollten ihm die Aufmerksamkeit und Begeisterung, die die Familie ihm in den letzten Tagen geschenkt hat, also nur schrittweise entziehen. Keinesfalls abrupt! Gewöhnlich ist es das Blatt mit den Stickern, das
als Erstes verschwindet, denn Ihr Kind wird schlicht vergessen, jedes Mal
einen Sticker daraufzukleben, wenn es Pipi gemacht hat. Ziehen Sie das
mit den Stickern wenigstens drei Tage durch. Wenn Ihr Kind es aber später
vergisst, müssen Sie es danach nicht mehr eigens erinnern.

Da die Leckerei die Hauptmotivation fürs Kind ist, sollten Sie dieses
Belohnungssystem noch für mindestens zwei Wochen beibehalten. Vielleicht auch noch länger, wenn es ums Kakamachen geht. Wenn Sie nach
zwei Wochen das Gefühl haben, Ihr Kind hat den Bogen raus, was das Pinkeln angeht, geben Sie ihm kein Leckerli mehr, wenn es nicht danach fragt.
Natürlich wird es sich trotzdem daran erinnern, aber nach zwei Tagen können Sie ihm sagen:»Ich bin so stolz auf dich, weil du jetzt zu den Großen
gehörst. Von nun an bekommst du zwei Leckerli, wenn du Kaka machst,
und sonst keines mehr. Bitte sag mir, wenn du auf die Toilette musst.«

Möglicherweise fällt Ihr Kind in seine alten Gewohnheiten zurück, wenn Sie das tun. Bleiben Sie trotzdem fest. Wenn es eine Panne hat, gehen Sie vor wie immer: Sie bringen es ins Badezimmer. Wenn es fertig und gesäubert ist, sagen Sie: »Du weißt, dass es nicht geht, dass du deine Unterwäsche vollmachst. Du musst mir sagen, wenn du aufs Klo musst.« Wenn es sich einen oder zwei Tage lang nicht verhält wie gewünscht, können Sie die Belohnung wieder einführen, aber nur, wenn Ihr Kind danach fragt. Im Allgemeinen sollten Sie mit den Belohnungen nach gut einem Monat aufhören, sonst werden sie zur Gewohnheit, und das Kind bringt sie nicht mehr mit dem Töpfchentraining in Verbindung.

Familienmitglieder und Babysitter

SOLLTEN NICHT ALLE MENSCHEN, die sich um das Kind kümmern, auf derselben Wellenlänge sein, so verwirrt dies das Kind nur. Wenn Sie das Buch bis hierher gelesen haben, werden Sie vermutlich die hier vorgestellte Methode auch anwenden wollen, wenn Sie Ihr Kind auf ein windelfreies Leben vorbereiten. Jeder, der Ihr Kind ins Badezimmer begleitet, sollte über Ihren Entschluss und alles, was damit zusammenhängt, informiert sein. Ich habe schon viele Elternpaare streiten sehen, weil ein Elternteil mit den Einzelheiten des Trainings vertraut war, der andere offensichtlich nicht. Lassen Sie sich auf so etwas erst gar nicht ein.

Beziehen Sie den Partner ein

Informieren Sie Ihren Partner/Ihre Partnerin. Wenn Sie während des Töpfchentrainings beim Kind zu Hause bleiben, kennen Sie die Signale Ihres Kindes am besten und haben Ihre eigene Art, wie Sie mit dem Kind im Badezimmer umgehen. Ihr Partner hatte vielleicht nicht so viel Gelegenheit, hier seinen Part beizutragen. Wenn er aber auf das Kind aufpassen soll, während Sie eine Dusche nehmen oder einkaufen gehen, müssen Sie ihm die entscheidenden Punkte erklären. Er muss ja wissen, worauf er achten muss, wenn das Kind auf die Toilette muss. Und was er keinesfalls machen darf, nämlich es zum Beispiel fernsehen oder mit dem iPad spielen zu lassen.

In der Kita

Gewöhnlich sind die Mitarbeiter in der Kita gerne bereit, beim Töpfchentraining zu helfen. Sie können wichtige Stützen sein, doch wenn die
Kita nicht selbst ein Töpfchentraining anbietet, geht man gewöhnlich
davon aus, dass Sie das selbst in die Hand nehmen. Informieren Sie die
Kita-Mitarbeiter, wie sie Ihr Kind beim Sauberwerden am besten unterstützen können. Doch wenn es zu viele Unfälle gibt, wird man Ihnen vermutlich nahelegen, es wieder in Windeln zu stecken. Das aber würde Ihr
Kind nur verwirren. Es braucht einfach eine gewisse Zeit, bis Ihr Kind dem
ganzen Vorgang vertraut, vor allem, wenn es nun an einem ihm fremden
Ort mit völlig fremden Leuten die Toilette benutzen soll. Vielleicht gibt es
dafür auch noch Regeln, die ihm neu sind, wie Sich-melden-Müssen oder
so etwas. Informieren Sie die Kindergärtner auf jeden Fall, was Ihrem Kind
hilft, trocken zu bleiben.

Auf jeden Fall sollten Sie Ihr Kind in einem Gespräch auf die Situation
in der Kita vorbereiten, bevor Sie es wieder dorthin schicken. Zum Beispiel: »Peterchen, du hast das so gut hinbekommen mit dem Pipi- und
Kaka-Machen zu Hause. Jetzt wirst du in der Kita auch auf die Toilette
gehen. Zu Hause sagst du Mama, wenn du auf den Topf musst. In der Kita
gehst du zur Erzieherin.« Bevor Sie Ihr Kind dann einen ganzen Tag lang
dort lassen, ist es meist sinnvoll, ein Gespräch zu dritt zu führen. Dann
weiß Ihr Kind, dass es auch in der Kita die nötige Unterstützung erhält.

Ein guter Trick ist es, das Kind selbst in die Toilette zu begleiten, die
es in der Kita künftig benutzen wird, wenn Sie es morgens hinbringen. Es
kann also mit Ihnen auf die Toilette gehen, mit dem Menschen, dem es am
meisten vertraut. So entwickelt es auch ein positives Verhältnis zur Toilette in der Kita. Wenn es dort seine Blase geleert hat, bleibt es sicher für
die nächsten Stunden trocken. Das hilft dem Personal im Kindergarten,
Ihr Kind zum richtigen Zeitpunkt ans Badezimmer zu erinnern. Sie sollten
Ihrem Kind auch angewöhnen, noch mal auf die Toilette zu gehen, bevor
Sie mit ihm den Heimweg antreten. Auf diese Weise vermeiden Sie, dass es
auf die Toilette muss, wenn Sie unterwegs sind.

Wo auch immer Sie sind ...

Grundsätzlich ist es gut, ein gerade trocken gewordenes Kind erst mal auf die Toilette zu bringen, wenn Sie irgendwo neu ankommen. Nichts ist schlimmer, als im Kaufhaus hektisch nach dem Klo suchen zu müssen, weil Ihr Kind Ihnen sagt, es müsse mal.

FÜNF GOLDENE REGELN FÜR BABYSITTER

Wenn Ihr Babysitter/Partner keine Lust hat, dieses Buch zu lesen, sollten Sie sie auf diese fünf Punkte hinweisen:

1. *Fragen* Sie das Kind nicht, ob es auf die Toilette muss oder möchte. Die klare Anweisung lautet: »Sag mir, wenn du musst.«

2. Lassen Sie das Kind nie allein im Zimmer.

3. Bleiben Sie stets in der Nähe. Wenn das Kind gerade dabei ist, in die Hose zu machen, müssen Sie es sofort ins Badezimmer tragen und nicht erst nachher.

4. Geben Sie ihm eine Belohnung, und loben Sie es, wenn es erfolgreich auf dem Topf war.

5. Lassen Sie sich dem Kind gegenüber nie Ärger oder Frustration anmerken.

Nickerchen und Schlafenszeit

WENN IHR KIND AUCH NACHTS TROCKEN BLEIBEN SOLL, sollten Sie eines berücksichtigen: Es braucht eine leere Blase, also keine Flüssigkeitszufuhr mehr in den letzten zwei Stunden vor dem Schlafengehen!

Tatsächlich verwende ich Trainingswindeln im Rahmen des Töpfchentrainings *nur* für die Schlafenszeiten. Am besten sind Lernwindeln, die wie ein Höschen aussehen und weniger wie eine Windel wirken. Vermutlich haben Sie diese bislang noch nicht benutzt, sodass Ihr Kind sich dadurch nicht an seine früheren Windeln erinnert fühlt. Ich weiß: Wenn ich Ihnen jetzt plötzlich erzähle, Sie sollen eine Trainingshose benutzen, dann widerspreche ich damit dem, was ich bislang gesagt habe. Aber ich finde es nun mal ausgesprochen unfair, von einem Kind zwischen zwei und drei Jahren zu erwarten, dass es nachts trocken bleibt. Vor allem, wenn es ihm schwerfällt, sich in der Dunkelheit zum Badezimmer durchzutasten.

Hier ein paar Tricks, damit Ihr Kind weiterhin erfolgreich bleibt:

1. NENNEN SIE DIE TRAININGSWINDEL NICHT »WINDEL«, SONDERN SPRECHEN SIE LIEBER VOM »NACHTHÖSCHEN«.

So denkt Ihr Kind, es habe nach wie vor nur Unterwäsche an.

2. DAS NACHTHÖSCHEN WIRD UNMITTELBAR VOR DEM SCHLAFENGEHEN ANGELEGT.

Achten Sie darauf, dass Ihr Kind damit nicht in der Wohnung herumläuft. Denn das wäre, als hätte es seine Windel zurück. Und diesen Eindruck wollen wir ja vermeiden.

3. DAS NACHTHÖSCHEN WIRD SOFORT NACH DEM AUFWACHEN AUSGEZOGEN.

Zumindest in den paar Minuten danach. Sie wollen Ihrem Kind ja nicht Zeit geben, nach dem Aufwachen noch reinzumachen.

4. ZIEHEN SIE DIE EIGENTLICHE UNTERWÄSCHE STETS ÜBER DAS NACHTHÖSCHEN – UND ZWAR AUSNAHMSLOS.

Auf diese Weise sieht Ihr Kind immer nur seine Unterwäsche, wenn es den Blick nach unten richtet. Das ist ein Trick, der das Unbewusste beeinflusst: Ihr Kind hat gelernt, dass es das Badezimmer benutzen soll, wann immer es richtige Unterwäsche trägt. Und so wird es dies auch im Schlaf tun. Natürlich kommt es vor, dass der eine oder andere »Unfall« passiert. Schließlich braucht die Blase Zeit, sich umzugewöhnen.

Wenn Ihr Kind immer noch Nickerchen macht (Wahnsinn, Sie haben vielleicht ein Glück!), dann können Sie bei dieser Gelegenheit testen, inwieweit es seine Blase auch im Schlaf unter Kontrolle hat. Kinder schaffen es gewöhnlich, während eines Nachmittagsschlafes trocken zu bleiben, auch wenn sie noch nicht eine ganze Nacht durchhalten. Nickerchen dauern schließlich nicht so lange.

Eine leere Blase

Um auch nachts trocken zu bleiben, ist es ungeheuer wichtig, dass Ihr Kind ins Badezimmer geht, bevor Sie es ins Bett bringen, zu welcher Tageszeit auch immer. Wenn es mit einer vollen Blase ins Bett geht, wird es mit Sicherheit einnässen. Das geht gar nicht anders.

Daher habe ich mir angewöhnt, Kinder ungefähr 30 Minuten vor der Schlafenszeit ins Badezimmer zu bringen und dann nochmals unmittelbar vor dem Hinlegen. Auf diese Weise haben sie zweimal Gelegenheit, ihre Blase zu entleeren – was die Wahrscheinlichkeit erhöht, dass sie dann tatsächlich leer ist.

Sie können damit rechnen, dass Ihr Kind grundsätzlich nach dem Aufwachen auf die Toilette muss. Also bringen Sie es gleich danach ins Badezimmer, um »es« zu versuchen. Das ist auch die richtige Gelegenheit, das Nachthöschen auszuziehen. So vermeiden Sie, dass Ihr Kind damit durch die Wohnung läuft.

NOCH EIN TIPP! Wenn Ihr Kind sein Nachthöschen behalten möchte, sagen Sie: »Aber dies ist dein Schlafhöschen. Und da du jetzt nicht schläfst, musst du es ausziehen.« Wenn Sie es ihm ausgezogen haben, sagen Sie: »Danke, dass du so ein großer Junge bist und dein Nachthöschen ausziehst.«

Ihr Kind braucht das Nachthöschen nicht mehr, wenn es fünf bis sieben Nächte hintereinander trocken bleibt. An diesem Punkt können Sie versuchen, es nur in Unterwäsche zu Bett zu bringen. Wenn es ein Malheur produziert, können Sie ihm das Nachthöschen wieder anlegen. Denken Sie daran: Nachts ist es ja wirklich ein Unfall.

Keine Flüssigkeitszufuhr vor dem Schlafengehen

Das Trinken vor dem Schlafengehen ist für die meisten Eltern ein heikles Thema. Viele Eltern geben ihrem Kind nämlich einen Schlaftrunk, meist mit Milch, bevor sie es zu Bett bringen. Meist, damit es nachts nicht hungrig aufwacht. Wenn man nun die Milch streicht, so die Befürchtung, kann das Kind vielleicht nicht einschlafen. Doch es gibt andere Möglichkeiten, den kindlichen Magen vor dem Schlafengehen zu füllen.

Meine Kollegin und Ernährungsspezialistin Allison Reyna hat dafür folgende Vorschläge parat:

» Apfel- oder Birnenscheiben

» Apfelmus

» Käsestäbchen

» hart gekochte Eier

» Naturjoghurt mit Obst und ein wenig Honig

» eine Schnitte Vollkornbrot mit Hummus (Kichererbsenpaste)

Wenn Sie Ihrem Kind bisher vor dem Schlafengehen viel Flüssigkeit erlaubt haben, gewöhnen Sie es langsam um. Es hat wenig Sinn, auf einen Blitzentzug zu setzen. Wenn Annika bisher 250 ml Milch bekam, geben Sie am Folgetag nur noch 220 ml, einen Tag später 190 ml und so weiter, bis sie sich daran gewöhnt hat. Erklären Sie Ihrem Kind, warum Sie das tun. Zum Beispiel so: »Annika, du bist schon so ein großes Mädchen und gehst jeden Tag auf die Toilette. Ich möchte dir helfen, auch nachts deine Unterwäsche trocken zu halten. Wenn du aber so viel Milch trinkst, musst du pinkeln, während du schläfst. Und wir wollen doch, dass du aufs Klo gehst, während du wach bist.«

Jahrelange Erfahrung hat mir gezeigt, dass Kinder häufig morgens einnässen, wenn sie noch nicht so ganz wach sind. Das können Sie verhindern, wenn Sie Ihr Kind aus dem Bett holen, wenn es gerade aufwacht, und gleich mit ihm auf die Toilette gehen. Wacht Ihr Kind gewöhnlich um sieben Uhr morgens auf, stellen Sie sich den Wecker auf 6.45 Uhr. Wecken Sie es auf, und bringen Sie es ins Badezimmer. Trainieren Sie die Blase Ihres Kindes, indem Sie es jeden Tag eine Minute später wecken, bis Sie wieder bei der üblichen Zeit angekommen sind.

Meistens bleibt das Kind dann von selbst auch nachts trocken, wenn sein Körper daran gewöhnt ist. Das Mädchen mit den 21 Monaten, das ich zum Töpfchentraining hatte, blieb schon mit zweieinhalb Jahren auch nachts trocken. Ihr Zwillingsbruder hingegen konnte das erst, als er vier war. Jedes Kind entwickelt sich anders, und das Trockenwerden ist nichts, was sich erzwingen lässt. Es geschieht genau dann, wenn die Blase sich ausreichend entwickelt hat.

NOCH EIN TIPP! Wenn Ihr Kind nachts trotzdem einen »Unfall« hat, ist es vermutlich mit voller Blase zu Bett gegangen. Geben Sie ihm also vor dem Schlafengehen weniger zu trinken, oder bringen Sie es erst dann ins Bett, wenn es auf der Toilette war.

Seien Sie also geduldig mit Ihrem Kind, was das nächtliche Trockenwerden angeht. Am Ende hat es noch jedes Kind geschafft. Machen Sie Ihrem Kind klar, dass es sich nicht schämen muss, wenn es nachts immer noch das eine oder andere Malheur produziert.

SCHRITT 4:
Unfälle

NIEMAND WÜNSCHT SICH MEHR ALS ICH, dass das Kind nach dem Töpfchentraining keine Pannen mehr hat. Wie sähe ich da denn aus? Aber es gibt durchaus Veränderungen in den Lebensumständen, bei denen es zu Rückfällen kommen kann

- » ein neues Geschwisterchen
- » ein Umzug
- » eine Reise der Familie
- » Krankheiten
- » ein neuer Kindergarten
- » Albträume
- » eine Reise der Eltern
- » eine neue Betreuung im Kindergarten
- » andere Stressfaktoren

Also das alles streichen? Hmmm. Das Wichtigste ist letztlich, dass Sie auf Ihr Kind nicht wütend sind, wenn es zu solchen Rückfällen kommt. Es gibt immer einen Grund, wenn ein Kind plötzlich wieder »Unfälle« hat. Vielleicht haben Sie die Warnsignale schlicht übersehen. Oder es wollte nicht aufhören, mit den neuen Sachen zu spielen. Vielleicht hat es auch eine neue Betreuerin im Kindergarten, und es hat sich nicht getraut, der »Fremden« zu sagen, dass es auf den Topf muss. Wenn Sie den Grund hinter dem Rückfall herausfinden, können Sie Ihrem Kind helfen und es wieder auf Kurs bringen.

Manchmal nutzen Kinder auch die Geschichte mit dem Badezimmer, um ihre Eltern zu manipulieren. Sie krabbeln zum Beispiel aus dem Bettchen und erzählen, sie müssten pinkeln. Fast alle Eltern fallen auf diesen Trick herein. (Haben Sie es nicht auf den Topf gesetzt, bevor Sie es ins Bett gebracht haben?) Wenn Sie wissen, dass es erst vor fünf Minuten auf dem Klo war, wissen Sie, dass Ihr Nachwuchs Ihnen einen Streich spielt. Wenn Sie hingegen vergessen haben, den Kleinen vor dem Schlafengehen auf die Toilette zu bringen, dann ist die Beschwerde vielleicht berechtigt. Setzen Sie es auf jeden Fall auf die Toilette, dann merken Sie schnell, ob es wirklich musste.

Wenn nichts kommt, sagen Sie ihm, Sie hätten schon gewusst, dass es nicht wirklich musste. Dann wird Ihr Liebling das nächste Mal anders reagieren.

Ein paar schnelle Antworten auf häufig gestellte Fragen

F: WAS MACHE ICH, WENN MEIN KIND EINEN »UNFALL« HAT?

A: Oberste Regel: Ruhe bewahren. Ich weiß, das ist schwer. Vor allem, wenn Sie dachten, dass Ihr Kind das mit dem Töpfchen jetzt intus hat. Zu Hause gehen Sie damit genauso um wie zu Zeiten des Töpfchentrainings. Schnappen Sie sich Ihr Kind in flagranti, und bringen Sie es so schnell wie möglich ins Badezimmer. Dort sagen Sie (ohne ärgerlichen Unterton in der Stimme): »Peterchen, du sollst mir doch sagen, wenn du auf die Toilette musst. Hast du das vergessen? Jetzt sind deine Unterwäsche und die Hose nass und bäh. Du musst mir immer sagen, wenn du musst. Auf den Boden pinkeln geht nicht. Das Pipi muss immer in den Topf, in Ordnung? Jetzt machen wir zusammen das Pipi weg, das auf den Boden gegangen ist statt in die Toilette.«

Wenn das Malheur in der Öffentlichkeit passiert, dann fühle ich tief mit Ihnen. Denn es bringt überhaupt nichts, wenn Sie dem Kind in aller Öffentlichkeit etwas sagen wie: »Ist schon in Ordnung. Unfälle hat jeder mal.« Ja, Unfälle passieren nun mal. Zum Beispiel, wenn man die Haferflocken ausschüttet oder eine Tasse mit Milch fallen lässt. Solche Unfälle sind in Ordnung. Doch an diesem Punkt sollte es nicht mehr in Ordnung sein, wenn Ihr Kind irgendwo anders hinmacht als in die Toilette. Und Sie sind es, die dem Kind das beibringen müssen. Bleiben Sie fest, ohne ärgerlich zu werden. Wenn Sie jetzt sagen: »Es ist in Ordnung!«, dann signalisieren Sie ihm damit, dass dieses Verhalten okay ist. Ist es aber nicht!

Sagen Sie zum Beispiel: »O nein, du hast in ... (Passendes einsetzen) auf den Boden gepinkelt. Ich habe keine Extrasachen für dich dabei, das heißt, dass du jetzt in der nassen Unterwäsche steckst, bis wir nach Hause kommen. Dort kannst du saubere, trockene Sachen anziehen. Du musst mir sagen, wenn du auf die Toilette musst, selbst wenn wir nicht zu Hause sind.

Dann kann ich dir helfen, damit so etwas nicht mehr passiert.« Jede Handlung hat Konsequenzen. Diese Lektion muss Ihr Kind lernen.

F: WAS MACHE ICH, WENN MEIN KIND IN SEINE ALTEN (SCHLECHTEN) GEWOHNHEITEN ZURÜCKFÄLLT?

A: Ich will Ihnen ja nicht zu nahe treten, aber wenn Ihr Kind in schlechte Gewohnheiten zurückfällt, dann liegt das vermutlich daran, dass Sie ein bisschen zu lax waren. Wenn Ihr Kind sich beispielsweise weigert, sich die Hände zu waschen, weil Sie das nicht von ihm verlangt haben. Oder wenn es am Montagmorgen einen Wutanfall bekommt, wenn es das Nachthöschen ausziehen soll – weil jemand es am Vortag den ganzen Tag damit hat herumlaufen lassen.

Schlechte Gewohnheiten sind ein Verhaltensproblem, das man mit der nötigen positiven Verstärkung durchaus in die gewünschte Richtung lenken kann. Um schlechte Gewohnheiten abzustellen, müssen Sie diese unmissverständlich beim Namen nennen, wann immer Ihr Kind dieses Verhalten zeigt. Sonst ändert sich nichts. Wir korrigieren unsere Kinder ja auch, wenn sie fälschlicherweise die Vergangenheitsform benutzen, um etwas zu beschreiben, was gerade in der Gegenwart passiert. Nur so können sie die richtige Form lernen. Wenn Sie das negative Verhalten Ihres Kindes in dem Moment korrigieren, in dem es auftritt, dann wird es die neuen, positiven Verhaltensweisen bald erlernt haben.

F: WAS SOLL ICH TUN, WENN MEIN KIND ANFÄNGT, INS BETT ZU MACHEN?

A: Einnässen oder -koten wird ein Kind aus den verschiedensten Gründen. Zum Beispiel:

» Es leidet unter Verstopfung.
» Es ist krank.
» Es hat einen schwachen Muskeltonus im Beckenboden.
» Es hat vor dem Schlafengehen zu viel getrunken.
» Es war vor dem Schlafengehen nicht auf der Toilette.
» Es erlebt Stress.
» Es wird körperlich oder seelisch missbraucht.

Wenn Ihr Kind zum Bettnässer wird, kann der erste Schritt nur sein, den Grund dafür herauszufinden. Sonst können Sie ihm kaum wirksam helfen, solche Erfahrungen in Zukunft zu vermeiden.

Wenn Sie ein älteres Kind haben, das Bettnässer ist, dann bringen Sie es zum Arzt. Es ist zum Beispiel nicht allgemein bekannt, dass Verstopfung ein klassischer Grund fürs Bettnässen ist. Und selbst wenn Ihr Kind regelmäßig auf die Toilette gehen kann, kann es immer noch sein, dass so einiges im Darm zurückbleibt. Auf Seite 99 gehe ich auf das Einkoten näher ein.

F: WAS SOLL ICH MACHEN, WENN DIE URSPRÜNGLICHEN DREI TAGE TÖPFCHEN-TRAINING NICHT DEN GEWÜNSCHTEN ERFOLG GEBRACHT HABEN?

A: Wie ich bereits sagte: Ziehen Sie das Programm mindestens zehn Tage durch, bevor Sie damit aufhören. Drei Tage reichen zwar in den meisten Fällen aus, um eine andere Praxis als die bisherige einzuführen, doch Ihr Kind braucht Zeit, um neue Gewohnheitsmuster herauszubilden. Vor allem dann, wenn es drei Jahre lang seine Windel hatte und jetzt gerade mal drei Tage auf den Topf geht. In dieser Hinsicht sollten Sie nicht zu viel verlangen.

F: UND WENN MEIN KIND SICH DICKKÖPFIG VERHÄLT UND NICHT MITMACHT?

A: Wenn Ihr Kind nicht mitmacht, ist das vermutlich ein Verhaltensproblem und hat nichts damit zu tun, dass es vielleicht noch nicht reif fürs Töpfchentraining ist. Mein bislang schwierigstes Kind hat zwei Tage lang einen Wutanfall nach dem anderen produziert und so gut wie nie in den Topf gemacht. Der Grund: Sie hatte den ganzen Haushalt bestens im Griff. Da sie die Situation nicht kontrollieren konnte, testete sie die Grenzen ihrer Mutter bis ans Limit aus. Ich war nie stolzer auf eine »meiner« Mütter, denn diese zog das Training trotzdem konsequent durch. Es dauerte zwar ein bisschen länger, bis der Groschen fiel (insgesamt sechs Tage), aber am Ende hat es doch funktioniert. Und die Mutter war höchst erstaunt, wie sich das Verhalten der Tochter nach den sechs Tagen gewandelt hatte.

F: WAS SAGE ICH MEINEM KIND, WENN ES MEINT, ES HÄTTE ANGST VOR DER TOILETTE?

A: Ich habe tatsächlich einige Kinder kennengelernt, denen die Toilette Angst einjagte. Andere wiederum benutzen diese Aussage als Ausrede, weil sie nun mal nicht auf den Topf gehen wollen.

Wenn ein Kind meint, es habe Angst vor etwas, dann knuddeln es die meisten Eltern und sagen Dinge wie: »Das ist schon in Ordnung. Du musst das nicht machen, wenn du Angst hast.« Besser wäre folgende Lösung: »Es ist in Ordnung, Angst zu haben. Aber das sollte uns nicht davon abhalten, etwas Neues auszuprobieren.«

Wenn Sie überzeugt sind, dass Ihr Kind tatsächlich Angst vor der Toilette hat, dann liegt das vermutlich daran, dass diese größer ist als Ihr Kind. Außerdem macht sie Geräusche, und das Kind kann nicht einschätzen, wozu das alles gut sein soll. Schließlich hat es damit ja keinerlei persönliche Erfahrung. Aus diesem Grund empfehle ich stets, dem Kind die Toilette und ihre Funktion schon vorab zu erklären, damit es lernt, dass es davor keine Angst zu haben braucht. Erlauben Sie ihm, Toilettenpapier runterzuspülen oder nach Ihnen die Spülung zu betätigen. So gewöhnt es sich an das Objekt und das zugehörige Geräusch, bevor es mit dem Töpfchentraining losgeht.

F: WAS MACHE ICH, WENN MEIN KIND »UNFÄLLE« HAT, WENN MEIN PARTNER ES BETREUT, BEI MIR ABER ALLES BESTENS KLAPPT?

A: Sollte dies der Fall sein, dann macht Ihr Partner – nicht Ihr Kind – etwas falsch. Sie wissen, dass Ihr Kind mit Ihnen kein Problem hat, auf die Toilette zu gehen. Bitten Sie Ihren Partner um eine ehrliche Antwort auf die Frage: »Was hast du gemacht, als unser Kind den Unfall hatte?« Meist liegt in der Antwort schon die Lösung des Problems. Sehr häufig war der Partner nämlich nicht im selben Raum oder mit anderen Dingen beschäftigt.

F: ICH HABE ES JETZT ZEHN TAGE LANG PROBIERT, UND DER GANZE PLAN HAT ÜBERHAUPT NICHT GEKLAPPT. WAS SOLL ICH NUR ANFANGEN?

A: Sollte meine Methode nicht funktionieren und Sie hatten innerhalb von zehn Tagen keinerlei Erfolg, dann kontaktieren Sie mich (in englischer Sprache). Ich werde dann versuchen, Ihnen zu helfen. Gewöhnlich lasse ich meine Klienten einen ausführlichen Fragebogen ausfüllen. Daran erkenne ich schnell, wo die Probleme liegen. Dann kann ich sie per E-Mail beraten.

Meine Erfolgsquote liegt bei 98,5 Prozent, wenn ich persönlich das Töpfchentraining durchführe. Da sind all die, die bei mir einen Workshop besuchen oder eine Beratung erhalten, nicht mitgezählt. Wenn Sie mit dieser

Methode keinen Erfolg haben sollten, dann gibt es dafür einen Grund (vielleicht auch mehrere). Und ich kann sicher dazu beitragen, diesen zu finden.

Und was ist jetzt mit Kaka?

Ich habe schon kurz darauf hingewiesen, dass Ihr Kind keinen harten Stuhlgang haben sollte, bevor Sie mit dem Töpfchentraining beginnen. Ansonsten aber habe ich das Thema »großes Geschäft« eher ausgeklammert. Auf der Toilette Kaka zu machen, kann ganz andere Probleme aufwerfen als das Pipimachen, vor allem, wenn Ihr Kind häufig unter Verstopfung leidet. Denn seinen Darm kann das Kind kontrollieren und seinen Inhalt zurückhalten und zurückhalten und zurückhalten. Was buchstäblich eine Scheißsituation ist! Ihr Kind kann sogar regelmäßig die Toilette benutzen, ohne zu wissen, dass es in seinem kleinen Körper etwas zurückhält. Hat Ihr Kind Verstopfung, dann drückt der vergrößerte Enddarm auf die Blase. Was heißt, dass es zu mehr Pipi-Pannen kommt.

Einige Symptome weisen auf eine eventuelle Verstopfung hin:

» Bettnässen und häufige Pinkelpannen

» häufiges und schnelles Laufen zur Toilette

» unregelmäßige Stuhlgänge

» Stuhlverhaltung (wenn es die Beine fest zusammenkneift, sich in einer Ecke oder im Schrank versteckt oder herumtanzt, sobald es Kaka machen muss)

» harter Stuhlgang, der in Kügelchen abgesetzt wird (diese verursachen ordentlich Schmerzen)

» sehr weicher Stuhlgang (der meist an den harten Elementen im Dickdarm vorbeigepresst wird)

» sehr massereiche Stühle (was heißt, dass Ihr Kind »es« lange zurückgehalten hat

» »Bremsspuren« in der Unterhose (weil Ihr Kind den Kot so lange zurückhält)

» winzige Blutspuren auf dem Stuhl (wenn harter Kot die Darmwand verletzt hat)

» Ihr Kind will Kaka lieber in die Windel machen, statt auf die Toilette zu gehen.

Beginnen Sie mit dem Töpfchentraining, solange Ihr Kind noch unter Verstopfung leidet, werden Sie nur Frustration ernten. Schieben Sie das Training hinaus, bis die Verstopfung beseitigt ist.

Unglücklicherweise führt das Töpfchentraining manchmal selbst zu Verstopfung, wenn das Kind sich auf der Toilette noch nicht so sicher fühlt, dass es locker Kaka machen kann. Dann hält es den Stuhlgang einfach zurück. Üblicherweise brauchen Kinder zwei Tage, bevor sie sich trauen, auch Kaka in der Toilette zu lassen. Wenn Ihr Kind länger braucht, dann sollten Sie den Kinderarzt informieren und seinen Rat befolgen, bis Ihr Kind wieder regelmäßig weichen Stuhlgang hat.

Sie helfen Ihrem Kind beim »großen« Geschäft, wenn Sie ihm zeigen, dass Kaka immer ins Klo muss und nicht mit der Windel bzw. der Trainingshose entsorgt werden soll. Falls es einen Unfall hat, wickeln Sie es im Badezimmer. Hat es dabei »Aa« gemacht, dann werfen Sie seine Hinterlassenschaften in die Toilette. Lassen Sie es gucken und dann runterspülen. Ich weiß, das hört sich merkwürdig an, aber es hilft wirklich.

Ist Ihr Kind älter als vier Jahre und zeigt Anzeichen von Verstopfung, sollten Sie mit dem Kinderarzt sprechen. Vielleicht hat es eine sogenannte funktionelle Obstipation. Darum sollte sich auf jeden Fall ein Arzt kümmern.

Und weiter geht's

HURRA! Sie sind mit dem Töpfchentraining fast am Ende. Hoffentlich mit Erfolg! Nach drei Tagen Töpfchentraining sollten Sie zumindest die Grundlagen gelegt haben. Nun müssen Sie nur weiter auf dem eingeschlagenen Pfad bleiben und Ihrem Kind positive Verstärkung geben. Dann wird es mit jedem Tag einfacher. Sobald Ihr Kind vier Jahre alt ist, wird es im Badezimmer keine Unterstützung mehr brauchen.

Doch da wir ja nie aufhören, unseren Kindern etwas beizubringen, können Sie noch weitere Punkte ins Programm nehmen, die mit dem Toilettentraining zu tun haben. Zeigen Sie Ihrem Kind:

» Wie es selbst auf die Toilette klettern kann

» Wie es sich selbst sauber wischen kann

» Wie es sich am besten die Hände wäscht

» Wie es seine Unterwäsche und die Hose wieder raufzieht

Sie werden sich wundern, welche Fortschritte Ihr Kind macht. Eltern sagen mir immer wieder, wie »erwachsen« ihr Kind nun wirkt, seit es von allein auf die Toilette geht. Ihr Kind wird Ihnen zeigen, dass es nun schon zu den Großen gehört.

WO SIE SICH WEITEREN RAT HOLEN KÖNNEN

Eine Webseite rund um Kindesentwicklung und Elternprobleme:
www.babycenter.de

Die Zeitschrift *Eltern*:
www.eltern.de

Webseite des Zentrums Bayern für Familie und Soziales:
www.elternimnetz.de

Wegweiser für Eltern mit Kindern mit besonderen Bedürfnissen:
www.familienratgeber.de

Berufsverband der Kinderärzte e. V.:
www.kinderaerzte-im-netz.de

Selbsthilfeorganisation für Familien mit chronisch kranken oder pflegebedürftigen Kindern:
www.kinderpflegenetzwerk.de

Webseite für Eltern mit Mehrlingen:
www.rund-ums-baby.de/mehrlinge

Verband alleinerziehender Mütter und Väter (VAMV):
www.vamv.de

Bundesverband Pro Familia:
www.profa.de

ÜBER DIE AUTORIN

BRANDI BRUCKS ist Leiterin von Your Village Consulting in Austin im Bundesstaat Texas. Als Verhaltenstrainerin hat sie sich aufs Töpfchentraining für Kinder zwischen 21 Monaten und vier Jahren spezialisiert. Sie hilft Kindern auch, gesunde Schlafgewohnheiten zu entwickeln. Ihre Ausbildung hat sie mit einem Mastertitel in Früherziehung am Simmons College in Boston abgeschlossen. Nach einer Fortbildung unterweist sie seit Kurzem auch Eltern im sicheren Autofahren mit Babys.

ÜBER DEN AUTOR DES VORWORTS

DR. FREDRIC DAUM hat seinen Abschluss an der Universität Harvard gemacht und kann auf mittlerweile 45 Jahre Erfahrung als Kindergastroenterologe zurückblicken. Er leitet die Kindergastroenterologie am Winthrop University Hospital in Mineola (New York). Außerdem ist er als Professor für Kinderheilkunde und Kliniker an der Fakultät für Medizin der Stony Brook University tätig. Seine Arbeiten zur Enkopresis und zum Stuhlverhalten bei Kindern haben weltweit Anerkennung gefunden.

VIOLET GIANNONE

DAS 7-TAGE-
SCHLAFTRAINING
FÜR BABYS

DER SANFTE WOCHENPLAN
FÜR RUHIGE NÄCHTE

Auch als E-Book erhältlich

mvgverlag

128 Seiten
12,99 € (D) | 12,14 € (A)
ISBN 978-3-7474-0000-5

Violet Giannone

Das 7-Tage-Schlaf-training für Babys

Der sanfte Wochenplan für
ruhige Nächte

Viele Eltern kennen schlaflose Nächte nur zu gut, denn oft schlafen Babys unruhig oder unregelmäßig. Das muss nicht sein! Inspiriert durch ihre eigenen Erfahrungen (und viele lange Nächte), beschreibt Violet Giannone wie Eltern es schaffen können, dass ihr Kind gut und ausgeruht schläft. In kompakten Anleitungen lernen sie genau, wie sie ihr Kind auf den Schlaf vorbereiten, den Prozess des Schlafens sanft einleiten und sicherstellen, dass ihr Kind kontinuierlich ruhig schläft. Das sanfte 7-Tage-Programm führt sie und ihr Baby zielsicher auf den Weg zum erholsamen Schlaf!

mvgverlag

672 Seiten
25,00 € (D) | 25,70 € (A)
ISBN 978-3-86882-549-7

Heidi Murkoff

Das erste Jahr mit Baby

Alles, was Sie wissen müssen

Die Monate des Wartens, der Vorfreude, aber auch der Angst sind vorüber. Nun ist es da: das lang ersehnte Baby. Und mit ihm eine Vielzahl von Fragen – und einer noch größeren Zahl von Antworten, die junge Eltern häufig noch hilfloser zurücklassen als zuvor. Doch keine Angst, denn Das erste Jahr mit Baby ist wie ein persönlicher Arzt, der stets zur Stelle ist und auf alles eine Antwort weiß – egal ob es um selbst gemachte Babynahrung, Bindungsaufbau oder Schlaftraining geht. Der umfassende und illustrierte Ratgeber ist auf dem neuesten Stand der Forschung, randvoll mit fundierten Informationen, praktischen Tipps und wichtigen Hinweisen für frischgebackene Eltern. Monat für Monat begleitet er die großen Schritte des kleinen Erdenbürgers in diesem ersten Jahr. Das perfekte Handbuch für die manchmal anstrengende, aber unvergesslich schöne Zeit.

112 Seiten
10,00 € (D) | 10,30 € (A)
ISBN 978-3-86882-837-5

Alexandra Reinwarth

Am Arsch vorbei geht auch ein Weg – Für Mütter

Wie sich dein Leben mit Kind verbessert, wenn du dich locker machst

Vollgekotzte Oberteile und Schreikrämpfe im Supermarkt: Klar, ist blöd, aber man liebt den Quälgeist ja. Wen man nicht liebt, sind die Mütter von Klein-Paul-Justus, die einem ständig erzählen, dass ihr Sonnenschein ja schon allein das Köpfchen heben kann, und gerne ungefragt Erziehungsratschläge für das eigene »hoffnungslose« Kind geben. In solchen Fällen sollte man nur einem Motto folgen: Am Arsch vorbei geht auch ein Weg!